The Highly Sensitive Parent
Be Brilliant in Your Role,
Even When the World Overwhelms You

Elaine N. Aron, Ph.D.

# ひといちばい敏感な親たち

## 子育てとHSP気質

ン 著　片桐 恵理子 訳

The Highly Sensitive Parent:
Be Brilliant in Your Role, Even When the World Overwhelms You
by Elaine N. Aron, Ph.D.


Published by arrangement with Kensington Books,
an imprint of Kensington Publishing Corp., New York
through Tuttle-Mori Agency, Inc., Tokyo

懸命に子育てに励むすべての親たちへ、
あなたがいなければ私たちは存在しません。
なかでもひといちばい敏感な親の、子育ての奥深さに捧ぐ。

# 目次

# まえがき

どんな親にとっても子育てはむずかしいものだ。私たちの研究によると（少なくとも英語圏に住む）ひといちばい敏感な親たちは、とくにそう感じている。一方で彼らは、子供に同調する能力も高いという。

さて、ここで皆さんに質問したい。あなたは人よりも敏感だろうか？　よくわからないという方は、11ページの自己診断テストを参照してほしい。もしあなたが高敏感性（Highly Sensitive：以下ＨＳ）なら、この大事な同調性が、最大の強みとなるだろう。本書の目的は、その資質を生かし、あなたが少しでも楽に、楽しく子育てができるようお手伝いをすることだ。

※本書は、拙著「Higly Sensitive Child」（『ひといちばい敏感な子』、1万年堂出版、二〇一五）のような、ＨＳＣの養育に関する本ではない。子供の気質にかかわらず、ひといちばい敏感な人（Highly Sensitive Person：以下ＨＳＰ）が親になるとはどういうことかを記した本である。

敏感な気質であろうとなかろうと、親は総じて時間に余裕がない。あなたが人より敏感な気質なら、とくに時間に注意を払う必要があるだろう。調査によると、ＨＳＰであるあなたは、人よりも刺激に反応しやすい。そのため、親になるまでの時間に加えて、さらに多くのダウンタイム（中断時間）が必要となる。この休息がないと、いらいらして惨めな気分になり、その結果、負の同調が起こってしまう。本書では、あなたが本当に必要なものに着目し、あなたの貴重な時間を意識していこうと思う。もしあなたが自分の気質の実態に疑問を持っているなら、1章が重要になるだろう。私は日頃から、ＨＳＰは自分の気質を認めることが大切だと言っているが、この気質を持つ親（Highly Sensitive Parent：以下ＨＳの親）にとって、これは絶対である。また、過度の刺激がこの気質の負の側面であることを考えると、その対処法を記した2章も重要だ。3章では、ＨＳの親は、ほかの親のように自力でがんばって子育てをするのではなく、助けを求めることが必要だ、という私の確信を皆さんにも理解していただければと思っている。4章は決断について。ひといちばい敏感な親である私たちは、多くの選択肢や複雑な問題のなかから最善の選択をすることに、とくに困難を覚える。5章では、感情の抑制について説明する。あなたの感情はひといちばい強く、子育てをするなかでしょっちゅうかき乱される。感情を完璧に抑制できる人以外は、この章もぜひ読んでほしい。

6章では、子育てに関する数々の社会的側面に着目する。この章は、あなたが外向的でも（ＨＳＰの三〇パーセントは外向的）役に立つだろう。他者と接することは、多くの人にとって感情的刺激の源である。したがってＨＳＰは、誰よりもこの刺激を受けやすい。最後の二章では、もうひとりの親であるパートナーとの関係について述べていくが、これはひとりで子供を育てている人にも関係する話だ。子育てが、あなたの愛する人との付き合い方にどう影響するかという議論は、あなたの近しい人間関係すべてに当てはまる。

まずは、本書にざっと目を通してみてほしい。多くの子育て本や自己啓発本に出てくるような「いい話」や、虚構と現実をほどよく織りまぜた「よくできた話」は、本書には登場しない。その代わり、敏感な親たちのリアルな言葉を紹介する。情報や助言だけを知りたいという方のために、彼らの言葉を読み飛ばしても問題のない構成になっているが、彼らの物語（読みやすいよう若干修正してある）は、いわばあなたを支えてくれる仲間の言葉であり、その物語は、本書に書かれた情報以上に役立つ可能性がある。

本書が主に扱うのは、多くの敏感な親たちが抱えている問題についてである。もちろん、うまくいっていることを変える必要はない。しかし、一二〇〇名以上を対象にした私たちの調査によると、あなたはいい親になれるだけでなく、素晴らしい親になれる可能性を秘めている。敏感な親は、ほかの親に比べて、統計的に情動反応や同調性がはるかに高いことが報告されている。これは、私たちの調査のなかでもとくに目を引く要素のひとつで、というのも、この同調性は彼らに子供の状況を深く理解させ、子供にとって最善の選択をするよう促すからだ。

実際に同調性がどんなふうに役立つかというと、たとえば親たちはつねにつぎのような葛藤に直面している。「この子はもう休ませたほうがいいだろうか？　泣いているのは疲れたから？お腹がすいたから？」「いまは『教える』とき？　それともお互い少し冷静になってからのほうがいい?」「一五歳の娘の行動を信じるべきか、出かけないよう言うべきか」。正しい答えを出すことは、その当時においても、積み重ねの結果としても、家族全員にとって重要になってくる。調査の結果、敏感な親は典型的な親よりも適切な答えを出す傾向にあった。

一九九一年に敏感性の研究を開始した当時、「高い敏感性 Higly Sensitive」や、単に「繊細さ、敏感さ Sensitive」という用語で論文を検索した私は、「繊細さ、敏感さ」という用語が、ふたつのケースで使われていることを発見した。ひとつは才能に恵まれた人をさす言葉として、もうひとつは子育てに成功した親をさす言葉として。当時の研究者たちは、その言葉の定義がまだなされていなかったことから、敏感性の生来の気質について言及する必要はなかったのだろう。だが一九七九年にはすでに、親がある程度敏感だと子供が恩恵を受けることが実証されており、いまもそれを示す研究はつづいている。一般的な子育てについて学べば学ぶほど、子育ての成功のカギは、同調性と反応性であることがわかってくる。

本書の内容を支えるさまざまな研究は、巻末の注記に記しておく。また、拙著「The Higly Sensitive Person」(『敏感すぎる私の活かし方――高感度から才能を引き出す発想術』、パンローリング、二〇二〇)を未読の方は、時間があるときにぜひとも読んでいただきたい。この本が一九九六年に刊行されて以来、「人生が変わった」という読者からの声を何度も耳にしてきた。自分がHSPであることをすでに知っている方ももちろん大歓迎だ。今度はひといちばい敏感な親の世界へ(あるいはひといちばい敏感な祖父母の世界へ)皆さんをお連れする。

# HSP自己診断テスト——あなたはひといちばい敏感か？

以下の設問に、感じたとおりに答えてほしい。どちらかといえばそうだという場合は「はい」を、まったく違う、どちらかといえばそうではないという場合は「いいえ」を選ぶ。

・強い感覚を受けるとすぐに圧倒されてしまう　はい／いいえ
・周囲の些細なことによく気がつくと思う　はい／いいえ
・他人の機嫌に影響される　はい／いいえ
・痛みにとても敏感だ　はい／いいえ
・忙しい日は、ベッドや暗い部屋、もしくはプライバシーが守られて、刺激から解放される場所に引きこもりたくなる　はい／いいえ
・カフェインの影響をとくに受けやすい　はい／いいえ
・まぶしい光、強烈なにおい、粗い生地、近くから聞こえるサイレンの音などにすぐに反応する　はい／いいえ

・豊かで複雑な内面世界を持っている　はい／いいえ
・大きな音が苦手である　はい／いいえ
・芸術や音楽に深く心を動かされる　はい／いいえ
・神経が手に負えないほど疲弊しているように感じることがある　はい／いいえ
・良心的である　はい／いいえ
・すぐに驚く　はい／いいえ
・短時間でたくさんやることがあると混乱する　はい／いいえ
・誰かが居心地の悪さを感じていると、それを改善する方法がわかる
（明かりの調整や、座席の変更など）　はい／いいえ
・一度にたくさんのことをやるように言われると困ってしまう　はい／いいえ
・失敗や忘れ物をしないよう、とても気をつけている　はい／いいえ
・暴力的な映画やテレビ番組は見ないようにしている　はい／いいえ
・周囲で多くのことが起こると神経が逆なでされる　はい／いいえ
・極度の空腹によって強い反応が引き起こされ、集中力や気分がそがれる　はい／いいえ
・環境の変化に動揺する　はい／いいえ
・繊細あるいは良い、香り・味・音・芸術作品に気づき、楽しめる　はい／いいえ
・一度に多くのことが起こると不快に思う　はい／いいえ

・動揺や混乱を引き起こすような状況を極力避けて生活している　はい／いいえ
・大きな音や混沌とした状況など、強い刺激に悩まされる　はい／いいえ
・仕事で誰かと競わされたり、観察されたりすると、緊張や不安のために実力が発揮できなくなる　はい／いいえ
・子供のころ、親や先生から繊細、または内気だと思われていた　はい／いいえ

**結果を採点しよう**

「はい」が一四個以上なら、おそらくひといちばい敏感だと思われる。もしかしたら敏感な男性は「はい」の数が少ないかもしれないが、心理テストというのはそれほど正確なものではないので、参考程度に考えてもらえばいい。われわれ心理学者は適切な質問を考えては、平均的な答えに基づいて削っていく。「はい」が一四個未満でも、当てはまる項目には非常に強く共感するという場合、それがとくに男性であれば、ＨＳＰの可能性がある。

# 1

# ひといちばい敏感な親になるとはどういうことか

A Deeper Look at What It Means to Be a Highly Sensitive Parent

まずは明白な事実からはじめよう。高敏感性（Highly Sensitive：ＨＳ）は、人口の約二〇パーセントにみられる生来の気質である。一〇〇を超える種に同程度の割合でＨＳが見られることから、これは成功した代替（生存）戦略と呼べるだろう。本章で述べていくように、多くの研究がおこなわれ、知られている概念である。私たち科学者はこの特性を「感覚処理感受性」（感覚処理障害とは無関係）と呼ぶが、これは、この気質を持つ人がほかの人よりはるかに情報を深く処理し、高い環境感受性 high environmental sensitivity を持っているためだ。誰しも周りの環境にはある程度敏感だが、ひといちばい敏感な人（Highly Sensitive Person：ＨＳＰ）はその程度がずっと高い。

本書の冒頭で自己診断テストをおこなった人は、自分が敏感な少数派のひとりであることに気づいたところかもしれないし、もしかしたらすでに気づいていたかもしれない。いずれにしても、あなたは本書で、ＨＳＰがどれほど人と違う子育てを経験するか、またその違いにどう対処し、活かしていくかを学ぶだろう。

本章の目的は、あなたにこの気質を現実のものとして捉えてもらうこと、そして周囲の人たちに、あなたに対する理解を深めてもらうことである。そのために、あなたの気質とＨＳ研究に関する、簡潔かつ完璧な理解を促す情報を提供していきたい。

## 研究～「私の敏感性は素晴らしい。けれど……」

序文でも述べたように、親としてのあなたにもっともかかわりが深いＨＳ研究は、一二〇〇名以上の英語話者（ＨＳＰと非ＨＳＰの両方を含む）を対象に私たちがおこなったオンライン調査である。基本的な結果によると、敏感な親のほうが、子育てに苦労する傾向が高かった一方で、わが子に対する同調性も高かった。

ここでは父親と母親をわけて簡単に説明していきたい（ちなみにこの調査では、配偶者の有無、異性愛者か同性愛者かは尋ねていない）。調査のサンプルはふたつ、いずれにもＨＳ、または非ＨＳの親が含まれている。九二名の母親を対象におこなったひとつめの調査では、父親の数が少なすぎて統計分析ができなかったため、母親だけを調べた。ふたつのサンプルの母親は、どちらも非常によく似た結果を示した。

ふたつめの調査は、八〇二名の母親と六五名の父親が対象で、父親の分析をおこなうにはいくぶんましな数字となった。平均して、ＨＳの父親のほうが、そうでない父親よりもわずかに育児を困難だと感じていた。しかしこの程度の差では統計的に有意とは言えず、こうした結果になった理由はおそらく、育児に直接かかわっているのがたいてい母親のほうだからだと思われる。ＨＳでない父親と比べると、ＨＳの父親は（ＨＳの母親と同じく）わが子に対して非常に高い同調性を示しており、たとえ被験者の父親の数が少なくても、この点は統計的に有意であると考えられる。

ひといちばい敏感な男の子を育てるにはとくに同調性が重要だが、ＨＳの父親というのは、そうした男の子を育てるのに最適な立場にいる。

私の敏感性は、息子の心を開き、息子が愛すべき大人へと成長するのに役立った。私たちは思いやりのある男性が登場する映画をたくさん観たが、これは息子の友人が観たがるような暴力的な映画に対する大きな緩衝材となった。

ＨＳの父親と、そうでない父親のあいだに、子育ての困難さに対する違いがそれほど見られなかったのは、おそらくつぎのふたつが主な理由だと考えられる。１、父親のサンプルが適切な結論を引きだすには少なすぎたため。２、親が家にいるか外に働きに出ているかという情報は収集しなかったが、父親は、たとえば平日は子供とかかわることが少なく、そのため母親よりも疲弊の度合いが少ないと考えられるため。ただし、これ以外にも原因はあるかもしれない。父親のサンプル数が限られていることに加え、父親が育児を困難に感じる原因がはっきりしないことから、本書では、ＨＳの母親と父親を区別せずに、ＨＳの親について述べていく。ただし、平均的なＨＳの父親といっても、統計はひとりの個人とは違うため、必ずしもあなたをさしているわけではない。だから、たとえ子育てがむずかしいと感じていても、あなたのやり方が間違っているわけではないので安心してほしい。

約六〇〇名のＨＳの親が、私の調査の最後にコメントをくれた。そのコメントを読みながら、ある文章の形が目を引いた。それは「これは素晴らしい、けれど……」という文章だ。例をいくつか挙げる。

「親になるのはとても素晴らしいけれど、ものすごく大変でもある。そしてこの大変さをＨＳではない人たちと共有するのはむずかしい」

「子育ては大好きだし、ずっと子供を育てたいと思っていたけれど、絶えず圧倒されてばかりいる」

「間違いなく、ＨＳＰとしての子育ては人生で最高の経験だと言えるだろう。自分のやり方に何度も疑念や罪悪感や不安を抱いたけれど、ＨＳであることが私の育児能力を全面的に高めてくれたものと確信している」

## 刺激を受けやすい体質は育児にどう影響するか

「私はよくやっているが、全然うまくできていない」。これは矛盾をはらんだ言葉だ。

この「よくやっているけど、できていない」というフレーズはぜひとも覚えておいてほしい。ＨＳの親に関する調査の過程で、この先さまざまな研究に触れていくと思うが、おそらくこうした結果に頻繁に出合うことになるだろう。ある調査によると、ＨＳの親は平均して、この気質を持たない人よりも親としてのパフォーマンスが低いことが判明している。これは自己申告の育児スタイルによって示された結果である。あなたも耳にしたことがあるかもしれないが、育児には三つのスタイルがある。ひとつは「専制型」と呼ばれるもので、これは服従と厳しい制限に重きが置かれる（高基準、低コミュニケーション）。つぎは理想的とされる「権威型」で、子供の行動を制限しつつ、話もよく聞いてあげる（高コミュニケーション、高基準）。もうひとつは「迎合型」で、こちらはほとんど制限をせず、たいてい子供の好きなようにさせる（高コミュニケーション、低基準）。自己申告によると、ＨＳの親は中間の「権威型」よりも、この厳しいか、甘いか、どちらか一方の手法を用いる傾向があることがわかった。

もちろん、育児スタイルは日々変化するが、この調査の研究者は私と同じ見解を示している。前述のふたつのスタイルが、ＨＳＰの育児哲学を表しているとは思わないものの、ＨＳの親によれば、彼らはいずれかのスタイルを用いるか、場合によって両方を用いるという。というのも彼らはさまざまなことに圧倒されやすく、そうした際には、子供の要求に対して決まりきった対応をするしかないからだ。

これはたぶん、こういうことだろう。親はとにかく休みたいと思っていて、その瞬間は、厳しく制限するのが唯一の答えだと考える。親はこう言う。「いまはお休みしなきゃいけないから、自分の部屋で遊んでちょうだい。物音は立てないようにね」。子供は何か言い返そうとするが、親はそれをさえぎって言う。「すぐに言うとおりにしないと、どうなるかわかってるでしょ。今夜のお話タイムはなしよ。さあ、三つ数えるうちに言うとおりにして。だめ、いくら静かにしてもここでは遊ばないで。休憩が終わったらすぐに呼びに行くから」

また、どうしても休息がほしい親は、それを手に入れるためならどんな妥協も厭わない可能性がある。たとえば、くたくたに疲れた親が言う。「いまは休憩時間なの。お願いだから部屋で遊んでいてくれない？　そしたらママ、休めるから」。子供が言う。「でもママ、ここで遊びたい！」（そしてぐずぐずと泣きはじめる）。「そのおもちゃは音がうるさいからだめ」「やだ、静かに遊ぶから」「お部屋に行ってくれれば、あとで一緒に遊んであげる」「やだ！　ママなんて大っ嫌い！」（この時点でわめき散らしている）。ここで親は根負けする。「わかった、いいわ。そんなに嫌ならここで遊びなさい。でも静かにしてね。絶対よ」

本書は子育てについて記したものではない（ただし、3章で少しだけ子育てについて触れる）。子育てについては、他の多くの育児関連の書籍から学んでもらえればと思う。本書は、あなたが感じている過度の刺激を減らし、できるだけ多くのダウンタイムや自分を労わる時間を取ることで、可能なかぎりいい親になる方法について述べたものだ。簡単なことではない。どんな親でも「うまくやれない」ときはある。それでも本書を読み進めていけば、あなたが元々備えている同調性、思いやり、権威型のスタイルで、親としての自信を深めていけるだろう（そして、刺激が少なければＨＳの親がいかにいい親になれるかという研究が、どこかでなされることを祈っている）。

それでは、ここからＨＳＰ全般に関する研究を見ていこう。

## どんなＨＳＰにも当てはまる研究

これから四つの項目にわけて研究を見ていく。敏感性には四つの主要な側面があり、私はこれをＤＯＥＳと呼んでいる。

- 処理の深さ（Depth of processing）――洞察力と情報を深く処理する能力を探求する強烈な欲求。
- 刺激に敏感（Easily overstimulated）――ご承知のとおり！
- 感情的な反応と共感（Emotional responsiveness and empathy）――こちらもおわかりかもしれないが、これから紹介する研究でさらに明確になる。
- かすかな刺激によく気がつく（A greater awareness of subtle stimuli）――親としてのあなたにとって非常に大切なこと。

これから、それぞれの背景にある研究について説明していく。ポイントは、あなたの敏感性に関して真実を示すことと、たとえ欠点があっても、この特性のおかげでいい親になれる理由を明確にすることである。なお、この研究に関する詳細は、巻末の原注を参照してほしい。

## 処理の深さ～洞察への欲求と熟考する能力

**深く処理する、とはいったいどういうことか？**

電話番号を渡されて、それを書き留める手段がない場合、普通は何度もくり返したり、数字の並びにパターンや意味を見つけたり、数字と何かを関連づけたりして、どうにか覚えようとするだろう。そういう手順を踏まなければ、きっと忘れてしまうとわかっているからだ。

ＨＳＰはさらに複雑に物事を処理する。ただ数字を覚えるだけでなく、まるで迷路内で新たなルートを探すみたいに、そのとき気づいたことを過去の経験に関連づけ、比較するのだ。これは、すべての動物が大昔に進化させた生存戦略の本質である。ショウジョウバエ、魚、カラス、オランウータン、いずれの種でも敏感な個体は、その他の個体よりもつねに、そして自然に感覚入力にもとづいた処理（記録と応答）をおこなっている。

人間で言えば、そばを通るベビーカーを目にしたＨＳの新米の親は、それこそその一瞬で何十通りものことを考えるだろう。ベビーカーの値段、さまざまな機能（カップホルダー、日よけなど）、転倒したらどうなるか、ベビーカーを押している人はどんな人か、そして、ほかのベビーカーとの瞬時の比較。すでにベビーカーを持っていても、やはり目の前のそれと比較して、自分が正しい商品を買ったかどうかを考える。もしこれが非ＨＳの親なら、ベビーカーが通りすぎたことにすら気づかないかもしれない。

調査のなかで、大半のＨＳの親が賛同した項目は「学校や子供関連の買い物など、育児に関する決定がとにかく大変だった」ことと「自分は親としていい決断をした」という二点だった。ＨＳＰがいつも決断に悩むわけではない。なにしろ、状況を慎重に見極め、それを次回に生かせるなら、新たな状況で人より早く決断できるからだ。それにときどき「虫の知らせ」が働き、理屈抜きで決断することもある。これは直感と呼ばれ、ＨＳＰは（絶対ではないが）この直感が優れている。直感は、潜在的な処理の深さの結果である。アンケートの任意のコメント欄には、ＨＳの親から、直感についてのコメントが多く寄せられた。調査自体に関しては、「子供から伝えられる前に、彼らのほしいものがわかることが多い」という項目に、非ＨＳよりもＨＳほうが賛同を示した。

もうひとつ処理の深さがもたらすものは、良心である。あなたは自分の行動の結果について、じっくり考える傾向がある。たとえばすべての親が、使用済み紙おむつを茂みの下に置いたら、もしくは、子供を迎えにきた親たちが学校の前で二重駐車をしたらどうなるだろう。そういう思いやりのない親がいたら、あなたはきっとすぐに気づくだろう。そういう親は、自分が人に迷惑をかけているとは思っていないし、気づきも、反省もせず、処理もしない。しかし情報を深く処理するあなたの能力は、正しいことをするよう促してくれる。

## 処理の深さに関する研究

さまざまな知覚および情報処理タスクを実行し、脳の活動を非ＨＳＰと比較する研究では、ＨＳＰのほうが物事をより深く処理するという見方が優勢である。ヤジャ・ヤギエロウィッツ率いるニューヨーク州立大学ストーニーブルック校のチームがおこなった、最初にしておそらくもっとも重要な研究のなかで、ＨＳＰは、些細なことに気づく作業が含まれているタスクにおいて、「より深い」情報処理に関連する脳の領域を使用していることが明らかになった。私の夫アーサー・アーロンを中心としたスタンフォード大学のチームによるその後の研究で、被験者は、育った文化のタイプ（相互依存型あるいは自立型）に応じて、以前の調査で苦戦した知覚タスク（脳スキャナーで脳の活性状態がわかる）を与えられた。

するとタスクを与えられたいずれの文化タイプ（この場合は東アジアとヨーロッパ系アメリカ）のHSPも、MRIで驚くべき結果を示した。HS気質のない人の脳の活性状態は、予想どおり、育った文化のせいでより困難を感じていることを示した一方、興味深いことに、文化が原因で生じたこの活性化は、HSPには見られなかったのだ。これは、どんな文化で育ったとしても、彼らが文化の期待を超えて、物事の「本当の姿」を容易に、かつ自然に見抜くことを示唆している。

子供を育てる親は誰しも、家族や文化の影響を受ける。ところが敏感な親の多くは、他者からの助言に困った経験があり、自分の子供が「文化的に普通」でないものを求めていると判断したら、そういう助言には耳を貸さなかったと述べている。同意するか否かは別として、なかには、乳幼児突然死症候群に関する現在のガイドラインを無視して、赤ん坊を自分たちと一緒のベッドで寝かせる人もいるという。ほかの薬が効かなかった際には、ホメオパシーや鍼治療などの代替治療を試した人もいる。また、普通とは違う学校を選んだり、ホームスクールを選択したりする人もおり、ほかの子供が教わっていない価値観を教えている。もちろん、HSの傾向がなくてもそういう選択をする親はたくさんいるが、HSの親ほど多くはない、というのが私の印象だ。前述の被験者のように、ＨＳの親もまた、育児中のさまざまな選択を通じて文化を超えることができるのだ。例を挙げる。

ＨＳの親であるロバートは、妊娠と出産について徹底的に調べ、中国で子供を育てた。妻の出産は難産で、出産後、彼女には休息が必要だった。一方で、新しく生まれたわが子には身体的な触れ合いと安らぎが必要だったため、ロバートが外出しなければならないときは、中国の女性が使う抱っこ紐に赤ん坊を包んで町へ出た。当時、中国人男性がこんなふうに赤ん坊を連れて歩くことはなかったが、ロバートにとってはそれが最善の解決策に思えたのだ。とくに、慣習に逆らおうとしたわけではない。そしてほどなく、近所の父親たちもロバートに倣いはじめた。彼は文字どおり、最善の子育てをするために、文化的規範を無視したのである。

情報を深く処理するというＨＳＰの素晴らしい能力に関する証拠は、ビアンカ・アセベドの研究（被験者に、恋人、もしくは他人の顔写真を見せるというもの）でも証明されている。この研究についてはのちほど詳述するが、ポイントは、ここにも深い知覚処理に関する調査結果が見られたということだ。また、非ＨＳＰと比べるとＨＳＰは、島、あるいは島皮質と呼ばれる領域が活発であることがわかっている。島皮質はそのときどきの出来事を統合する脳の領域で、意識の座とも呼ばれている。まさにＨＳＰにふさわしい特徴である。

## 強い情動反応、共感的なつながり、繊細な同調力

どの子供にも、すぐにつながりを感じた。

子供たちの気持ちを感じられたおかげで、とても上手に育てることができた。

ほかの人が気づかないごく小さなものでも、息子の表情はすべて読み取れる。

一九九七年に夫と共同でおこなった最初の研究ですでに、ＨＳＰは物事を人より強く感じると述べていることがわかっていた。二〇〇五年の実験では、学生たちに適正テストの成績が非常に良い、あるいは非常に悪いと伝えたところ、敏感な生徒は結果に強く影響された一方で、そうでない生徒はほとんど気にしなかった。

二〇一六年、ヤジャ・ヤギエロウィッツ（前述したＨＳＰの脳の研究をはじめて手がけた研究者）が、強い反応を引き起こすであろう写真（ネガティブな反応には、蛇、クモ、ごみ、ポジティブな反応には、子犬やケーキ）を被験者に見せるという実験をおこなった。ＨＳＰは、

ネガティブな写真にもポジティブな写真にも感情的に強い反応を示したが、その判断は、とくにポジティブな写真を見たときのほうが速かった。この結果は脳スキャンでも見られ、興味深いことに、健全な幼少期を過ごしたHSPにより当てはまった。

もちろん、敏感な親であるあなたは、子犬や誕生日ケーキではなく、別の人間に反応している。前述したビアンカ・アセベドらの研究（非HSPとHSP、それぞれに他人と愛する人のうれしい、悲しい、普通の表情を浮かべた写真を見せる実験）によると、たとえ知らない人の写真であっても感情を読み取ったときのほうが、感情の表れていない写真を見るときより、HSPの脳は活発になる傾向があった。こうした活動の一部はミラーニューロンシステム内でおこなわれており、このシステムは、人間やほかの霊長類が模倣から学ぶ手助けをすると同時に、共感にもかかわっている。この研究を踏まえると、このシステムはHSPが他者の意図や感情を知るうえで役に立っていると思われる。これは愛する人の幸せな表情を見たときだけでなく、知らない人の悲しい顔を見たときにも当てはまった。また、HSPの優れた情動反応は、単に「人より感情的」なわけではなく、もっと緻密な感情処理に基づいている。

### 感情的になりすぎることについて

他者の立場に立てるという能力は間違いなくいいものだし、とくに親にとっては貴重な特質である。その一方で、人より感情的だと、理性や判断が鈍るのではないかと思うかもしれない。

いい知らせがある。最新の科学モデルは、感情を知恵の中心に据えているのだ。感情は物事を考えるきっかけになる。私たちは（とくにＨＳＰは）テストの前には一生懸命勉強して覚えようとする。つまり、感情の主な役割は、単に行動を起こさせるのではなく、考えるよう促すことなのだ。そういう意味では、ＨＳＰは情報を処理するために、ひといちばい感情的である必要がある。

たしかに感情は、考えなしに不合理な行動を引き起こすことがある。もし過去に、自宅が焼け落ちたり、答えがわからずクラスメイトの前で恥をかいたりした経験があれば、過去のトラウマとはまったく異なる状況であっても（ちょっとした煙を目にする、グループの前で答えを求められるなど）不安を覚えるかもしれない。ＨＳＰであるあなたは、ポジティブな経験にもネガティブな経験にもひといちばい反応する。ネガティブなことが多ければ、それらに対する連鎖反応が合理的な思考を妨げることがある。しかし、毎回そうなるわけではない。

いくつか覚えておいてほしいことがある。大半のＨＳＰにとって、育児は新たな経験であり、たとえ幼少期にトラウマがあったとしても、過去のトラウマとはほとんど関係ない。調査によると、子育てに幼少期の影響を受けているＨＳＰは、非ＨＳＰよりも少ない。おそらく子育ては、ＨＳＰにとって癒しであり、新たな自信や喜びを与えてくれるものなのだろう。

また、これまで紹介してきた複数の研究は、ＨＳＰはネガティブな経験よりも、楽しい経験や成功体験に強い影響を受けることを示唆している。非ＨＳＰよりもこの傾向が顕著であることから、おそらくＨＳＰは、こうしたプラスの経験をくり返し求めているのだろう。つまりＨＳＰは、チャンスを見出し、それをうまく生かすことに関して、人よりもモチベーションが高いのだ。

たとえばＨＳの親は、自分がいいと思ったプレスクールがあると、早々に申しこみをする（国によってはプレスクールという言葉は使われないかもしれない。米国をはじめとするいくつかの国では、これは幼児教育をさすものであり、活動内容によって、チャイルドケアやデイケアに含まれたりもする）。ＨＳの両親のモチベーションが高いのは、自分の希望した場所にわが子を受け入れてもらえたらうれしい、という期待があるからだ。別の例を挙げると、去年の冬にわが子と楽しく雪遊びをした経験を覚えているＨＳの親は、今年の冬はもっと雪遊びをしようと計画する可能性が高い。

さらに大半のＨＳの親は、幸せとは何かということを考えているため（性格の良さ、円滑な人間関係、お金や楽しみ以上のもの）、子供を賢く導くことができる。また、子供の幸せな顔や成長を見るとうれしくなるので、子供たちのために念入りに計画を立てるし、たとえそう思えないときでも、物事をポジティブにとらえる傾向がある。

以下は（ある程度前向きな）離婚を通じて、ＨＳの母親がいかに強い感情を抱いたかという話である。ナンシーの話を要約して紹介する。

フルタイムで忙しく働いていたナンシーとハルは、あるとき、子育て以外の話をする時間がないことに気づいた。とくにナンシーは自分が、仕事をこなし、母親をやり、そのうえ妻をやることに疲れ果て、体調を崩し、気持ちが沈んでいることに、つまり「ノイローゼぎりぎり」の状態であることに気がついた。

やがてふたりは離婚を決意したが、皮肉にもそれが両人にとっての問題を解決してくれた。いまでは、ナンシーが平日に息子の世話をすることでハルに休息を与え、ハルが週末に息子の面倒を見ることでナンシーに休息を与えている。ナンシーが言うように、ふたりは友人関係を保ったまま「敬意を持ってともに子育てをして」おり、息子のダンの誕生日には、三人そろってディズニーワールドへ行ったりもする。

そのディズニーワールドで、ナンシーには深く心を動かされた瞬間があった。ホテルでひと息ついたナンシーが、ダンとハルに合流しようと階下のロビーに降りていったときのことだ。遠くにいたふたりが、大きな笑みを浮かべて自分を見ているのにナンシーは気がついた。その瞬間、彼女は途方もない喜びを感じた。彼らはもはや「普通の家族」ではなかったが、「困難を乗り越えた私たちには、幸せと繁栄の明るい未来が待ち受け、ダンには幸せな親がふたりいる」という強い満足感を覚えたのだ。オーランドのホテルのロビーで、三人の周りがキラキラと輝くようすを見つめながら、ナンシーは決してこの日を忘れないだろうと思った。「私の敏感性がその瞬間を脳に刻みこんだのです」と彼女は言う。

間違いなく、ポジティブな経験や深い喜びを積極的に受け入れる彼女のこの気質が、家族全員にいい影響を与えたのだった。

## 些細なことに対する高い認識力

HSの親はよく、些細な刺激に同調できることを誇らしげに語る。

ふたりめの子供は予定日より一三週間早く生まれ、気管切開を受けた。赤ん坊は声を出すことができず、だから泣いても周囲には聞こえなかった。けれど敏感性のおかげで、私は娘のニーズを察することができ、決して彼女をひとりで泣かせておくことはなかった。

息子が自分に合った大学を選べるようにと、私は息子と一緒にたくさんの大学を見て回った。その際私は、大学を案内してくれる人の歩き方、話し方、服装、校内の植物のようす、誰かと話すときには相手の表情や声のトーンなど、小さなことにいちいち目を留めた。最終的に息子は、私の感想を参考にして大学を決めた。息子が選んだのは有名な大学ではなく、細部まで目が行き届いた学校だった。息子はその学校でいい指導を受け、やがて第一希望の医学部へ入学した。

ＨＳＰはほかの人よりずっと、周囲の環境の微妙な感覚情報に気がつきやすい。これは自分では話せない生き物――植物、動物、うんと年配の人、赤ん坊、診断がむずかしい問題を抱えた人（あるいは身体）、そして、言葉のわからない外国人に対して、大きな効果を発揮する。乳児（そして、あえて口を開こうとしないティーンエージャー）を相手にする場合、これは間違いなく大きな利点になる。

ＨＳＰのなかでは、些細なことに対する認識は、情動反応や物事を深く処理する能力と絡みあっている。本章の前半で紹介した処理の深さに関する研究が、被験者の些細なことに気づく能力を調査したのはこのためだ。ヤジャ・ヤギエロウィッツによる、ＨＳＰと非ＨＳＰの脳を比較した最初の研究で被験者は、少し前に見たものと同じ風景写真を選ぶよう指示された。違いが一目瞭然の写真もあれば、一列に並んだ干し草の束がひとつ多い、あるいは柵の支柱が一本多いなど、わかりにくい写真もあった。違いがわかりにくい写真を見たＨＳＰの脳は、明らかに非ＨＳＰのそれよりも活発になった。

ドイツでおこなわれた別の研究では、横線と縦線が引かれたパターンのなかにある、さまざまな向きをしたＬのなかからＴを選ぶという標準的な実験でＨＳＰと非ＨＳＰを比較した。結果は、ＨＳＰのほうが速くて正確だった。

ＨＳＰのなかには、敏感性におけるこの側面が際立っている人もいる。あなたはどんな小さなことにも気がつく。赤ちゃんの肌のにおい、わが子の穏やかな寝息、太陽で艶めく娘の髪など、快いものにはとくに気づきやすい。と同時に、子供が口を開けてものを噛む音、パートナーのポケットでじゃらじゃらとなる鍵、要求を満たしたあとにまだぐずる子供の声など、ほかの人ならほとんど気づかないことにも悩まされる。

一度に処理する情報が多すぎるとすぐに圧倒されるとはいえ、高水準の刺激に悩まされることが敏感性の主な特性ではない。大きな音が煩わしくても、ＨＳＰはたいていそれに耐えられる。ただし、刺激の許容に関連する疾患を抱えている人はそのかぎりではない。

私のケースでは、些細な刺激に気づいたことで家族の命が救われた。

息子がまだ小さいころ、私たちはカナダのブリティッシュコロンビア州の島にあるキャビン（小屋）で暮らしていた。ある秋、家族全員が同時に風邪を引いた。外は寒く、私たちは煙突の掃除もしないまま、薪ストーブにせっせと薪をくべつづけた。汚れた煙突はクレオソートまみれで、火がついたクレオソートは煙突を過熱し、過熱した煙突に触れた木材は、ことごとく燃えあがる。

真夜中、私たちが熱に浮かされながら深い眠りについていたころ、まさにそれが起こった。

私の耳が何かを捉えた。いや、煙のにおいだったかもしれない。何であれ、私は驚いて目を覚ました。すると天井の隙間に何やら光るものが見えた。私は状況をすぐに悟って飛び起きた。そしてすぐに夫を起こし、息子を抱えて逃げだした。当時は説明できなかったが、いまでは、あのかすかな光、音、においに気づいた私の敏感さが、自分たちの命を救ったのだとわかる。

## すべてをひとつに――幸運なあなたと幸運な子供

ＤＯＥＳのＤとＥとＳは、あなたの大きな利点である。物事を深く処理する能力、感情的に反応する能力、些細な刺激に気づく能力は、力を合わせていい方向に作用する（マイナスの側面、厄介なＯについては次章で説明する）。

敏感さのこうした側面は、低学年の子供を持つ親として、反省、共感、些細なことに対する気づきをはじめ、厳しくしつけたり、何かを手放したり、自立を応援したり、成長過程にあるわが子がまた幼い子供に戻るのを許したりするときに、私たちを支えてくれる。たとえば別れの恐怖は誰にでもあるが、強い情動反応を備えた私たちＨＳの親は、子供がどこかに置き去りにされて泣いていると、ひといちばい悲しくなる。しかし、子供が自立心を養うことの大切さも知っているため、涙や言葉にのぞくかすかな手がかりから、子供が泣いていても放っておいて大丈夫かどうかすぐにわかるし、さらにはこうした状況を防ぐ方法も思いつく。

ふたりの男の子の母親であるローリーは、とくに手のかかる息子についてこう語っている。

私の敏感な性質とはつまり、息子の気持ちを正確に理解し、問題が起こる前に予測することだ。私は徹底的に問題を調べ、解決策を探し、息子やほかの家族とその対処法について話し合う。たいてい子供に関する私の直感は正しく、日に日に息子たちに対する信頼度も高まっている。

つぎは敏感さに助けられたジュリーの事例だ。

子供の具合が悪いと、明らかな症状を示す前から、たいていそれがわかる。HSの気質を持たない夫は、彼女の思い過ごしだろうと考えているが、症状が明らかになると、いつもジュリーの正しさが証明されるという。

じょじょに親としての自信が深まっていくと、私は過去の経験から自分の直感をますます信じるようになった。

子供が大きくなると、ＨＳの親ができることは減っていくのかもしれない。たとえば年頃の子供を持つＨＳの父親ドンは、子供たちとの深い関係性の結果をこう記している。

彼らは彼らの感情とつながっている。これは、私が子供たちとよく話し、彼らが感じたことや考えたことを私に話すよう伝えてきた結果だと思う。

## 古くからの生存戦略としてのＨＳ

この気質は多くの種に見られ、しかもつねに少数派であるということは本章の冒頭で述べた。この気質がこれまで消えずに残ってきたということは、ＨＳには必ず利点があるということだ。ではなぜ、敏感な個体はつねに少数派なのだろう？

理由のひとつは、ＨＳであることは、生物学的にも個人的にも「高くつく」からだ。言うなれば、あなたは頑丈なシボレーではなく、ポルシェやジャガーのようなものなのだ。あなたの神経系は細かく調整されており、つまりメンテナンスにひといちばいコストがかかる。

また多くの状況で、この気質の利点は注目されることがない（なにせ、競馬でどの馬に賭けるか決める際に、騎手の服の色に気づいたところで何の意味もないのだ）。それでもこれまで見てきたように、特定の状況下では、あなたが備えた特別な性質はあなたやあなたの子供にとって大きな利点となる。

しかし、私たちが少数派なのには別の理由もある。

この気質の進化を知るために、オランダの生物学者が、さまざまなシナリオを比較してコンピュータモデルを設定した。栄養価の大きく異なる森の草地を想像してほしい。そして特定の鹿だけがその事実に気づいたとする。元々草地の隅々にまで注意を払っていた鹿Aは、どの草地が最適かを学習する。一方、元々注意深くない鹿Bは、草があればどこの草でも食べる。草の違いが大きければ、鹿Aは優れた戦略を継承したことになるだろう。その鹿が母親なら、彼女の子供は母親の気づきから恩恵を受ける。だが、草にそれほど違いがなければ、鹿Bの戦略が優勢となる。しかし、いい出来事のなかに、まったく違いがないということがどれほどあるだろう?

ここに隠されているのは、なぜ私たちがつねに少数派なのかを説明する本当の理由である。すべての鹿が最適な草のありかに気づいたら、全員が殺到して食べつくしてしまうだろう。そうなると誰も恩恵を受けられなくなり、この気質が受け継がれることもない。

車を運転しながらさまざまなことに気づくあなたは、脇道なども含めて、町のようすがだいたい頭に入っているとする。だがこうした知識は無意識で「直感的な」(理由は分からないが知っている)場合がある。もしくは私のように、必要がなくても好奇心から地図を眺める人もいるかもしれない。非HSPの友人からは、「強迫性障害 OCD」だと言われるかもしれないし、また周囲にいちいち注意を払うことで、疲れてしまうかもしれない——つまりこの生存戦略には、コストがかかるのだ。

では、町の主要道路が渋滞したとする。あるいは災害が起きて、自分も子供も非難しなければならないとする。おそらく携帯電話も交通情報アプリも機能しない。災害が起きる前は、誰もが快適に大通りを車で飛ばし、地図など退屈なだけだった。そして大半の人が渋滞にはまったいま、あなたをはじめとする少数のＨＳＰは町から脱出する。

ここでカギとなるのは、もし全員が近道を知っていたら、あらゆるルートで渋滞が起きてしまうということだ（たしかにＧＰＳは最適なルートを教えてくれるが、みんながその提案されたルートを使ったら結局混雑するのではないか、ということまでおそらくＨＳＰは考えている）。

当然ＨＳＰ以外の人たちも、いずれ同じ解決策を見出すのだが、それはたいてい私たちの行動を真似することで気がつく。たとえば多くのＨＳの親は、栄養について細かく注意を払い、自宅の有害物質を心配し、子供が傷つく恐れのある危ないおもちゃは与えない。多くの場合、あなたが気づいたことはやがて重要なことだと判明し、人が真似したり、それに関する法律が可決したりする。

あなたはきっと、わが子を「奔放な」子供たちや、よくない噂のある教師に近づけないようにしたり、年頃の娘に自分を守るすべを教えたりするだろう。こうした努力はどれほど報われるだろうか。現状では、あるいはこれまでも、ほとんど報われていない。

予防は報われないビジネスである。以前ある心理学者が、治療プログラムに比べて、精神疾患の予防プログラムの基金を募ることがいかにむずかしいかを語っているのを聞いたことがある。理由は、予防が実際にどの程度役に立つのか測定するのが困難だからだ。たとえるなら、象を追い払うために首から笛を下げているようなものだが、もしも誰かが「こんなところに象はいないのだから、バカげている」と言ってきたら、「象がいないのは、私が笛をもっているおかげだ」と反論してほしい。

かりに自分の子供の居場所を四六時中把握していたら、過保護と言われるだろうか。これはむずかしいところだが、少なくともあなたの子供が生き残る確率は上がるし、これがこの気質が進化した理由でもある。もちろんどんな親も、生物学的にも個人的にも、必死にわが子の安全を守ろうとするだろう。だが先ほどの鹿のように注意を払うことで報われるには、少々の個体差に加えて、多少の環境の違いがあればいい。

では、HSの育児戦略は機能するだろうか。それは間違いない。そうでなければ、敏感な気質を持つ人たちが世界中にいるはずがないのだ。

## ほかの人との違い

ここまで「一般的な」HSの親について語ってきたが、ひとつ覚えておいてほしいのは、あなたがこうしたHS像にぴったり当てはまるわけではない、ということだ。人によって年齢、財力、文化などはまちまちだ。親になることが楽しみで複数の子供を持つことを選んだ人もいるだろう。子供の発達について研究したり、チャイルドケアの分野で働いたりすることを選んだ人もいるかもしれない。また、そこまで明確な意思があったわけではなく、とりあえず子育てを経験してみたかったから、あるいはパートナーを喜ばせたかったからという理由で親になった人は、もしかしたら子育ては本当の望みではなかったかもしれない。

こうした差異は、オキシトシンレベルを制御する遺伝子変異など、遺伝が原因の可能性がある。この神経伝達物質がはじめて発見されたのは母体だが、現在では男女問わずすべての人体にある程度存在することがわかっている。

家族、学校、文化など、幼少期の環境によっても、親になる準備の度合いは異なる。また、子供の世話のためにどれだけ家にいられるか、あるいはどれだけ周囲のサポートがあるかによっても違いは生まれるし、子供の性質（散漫、活発、感情の波、衝動、柔軟性のなさ、頑固さ）によっても違ってくる。さらに子供もまたHSで、何か新しいことをする前に注意深く観察し、ちょっとした物音や乱暴な扱いを嫌がり、すぐに不安を覚える傾向があるかもしれない。こうした子供の極端な反応は、どれも異常ではない。ただ、いい親になるために全力を尽くさなければならない、というだけだ。育児では、どんな親であっても膨大なエネルギーを消費するが、HSの親であればなおさらだろう。

もちろん、育児に大きな影響をおよぼす、別の違いもある。生まれつきの疾患にともなう「むずかしさ」だ。これには脳腫瘍など身体的なもの、双極性障害などの精神的なもの、学習障害や脳の発達に問題があるといった認知的なものなどが含まれる。

こうした「違い」に言及するのは、全員に向けた内容にしようと思うと（そうしたいのはやまやまでも）、結局全員のニーズには応えられないからだ。

とはいえ、やはり皆さんには重要な類似点がある。

## 2

# 過度の刺激に対処する
## ——ＨＳの親への適切なケアと評価

Coping with Overstimulation: The Proper Care and Appreciation of a Highly Sensitive Parent

ある母親の話だ。

子育てにはずっと圧倒されてきたと思う。まず、仕事が延々とつづくこと。つぎに、周囲の親からの期待。もし非ＨＳＰの母親のようにやろうとしたら、きっと一日しかもたず、そのうえ何カ月もその代償を払うことになるだろう。

別のＨＳの母親はこう考えている。

私はその場にいたけれど、いなかった。どうにかその日を乗り切った。食事を作り、支払いを済ませ、洗濯をし、運転手を演じ、私がやらねばならない作業はすべて、ロボットのように処理していった。はたから見れば、私は有能に見えただろう。だが言うまでもなく、私は子供や夫のための、ぬくもりや安全の砦ではない。

HSの父親の言葉だ。

日常で多くのことを吸収するHSPにとって、育児は心のコンピュータを猛スピードで稼働させるようなものだ。

私の調査によると、敏感な親のほうが、そうでない親よりも育児に多くのストレスを感じ、過度の刺激を受けている。たとえばHSの親は、そうでない親よりも「十分な休息が取れていない」「親として十分な睡眠がとれないのが問題である」という項目に強く同意している。

とはいえ、HSの親がいつもストレスに悩まされているわけではない、ということをここでもう一度くり返しておきたい。ストレスの有無にかかわらず、彼らは非HSの親よりも子供に同調しやすく、こんな項目に同意している。「私の強みのひとつは、育児にもたらす創造性である」「子供が成功したり挫折したりすると、まるでそれが自分の身に起こったように感じる」。しかし創造性を発揮するには努力が必要だし、共感すると精神的に疲れてしまう。いずれの行為もかなり刺激が強いといえる。強い刺激は体力を消耗させるが、それに気づくのは、自分の仕事ぶりが雑になったり、気持ちが沈んだりしたときである。

くり返しになるが、どんなＨＳＰも物事を熱心に処理し、（他者への共感を含め）自分の感情を強く感じている。些細な違いに迅速かつ的確に気づき、しかしそうした敏感性を発揮したあとには大きなストレスを感じる。こうした利点と欠点は切っても切り離せないものなのだ。

自分をバッテリーだと思ってほしい（電気化学的な神経系を考えると、ある意味本当にそうだと言える）。自分のエネルギーを使って子供に同調すると、そうでない親よりも早くバッテリーを消耗する。そしてエネルギーがなくなると、物音、煩雑さ、注意を引こうとする要求に圧倒されやすくなる。ストレスを感じやすくなり、やがて参ってしまうというのは、ＨＳの親、とくに小さな子供が複数いる親にとってはごく日常的なことである。

## 混乱とＨＳの親に関する研究

私はふたりの子どもが散らかすのがストレスで、しかも部屋が片づくまで落ち着かない。だから毎日一時間から二時間かけて家の掃除をし、散らかったものを元の場所に片づけている。

パデュー大学のセオドア・ワックスは、（ノイズ感度という別の尺度と併せて）ＨＳＰスケールを用い、敏感性の度合いに応じて混乱が親にどう影響するかを調べた。ワックスは家の物音、煩雑さ、密集具合を評価した。家庭の秩序のなさは、ほかの研究では親（ＨＳにかぎらない）と関連づけられており、そうした親は概して無責任で無関心で、子供に勉強の機会をあまり与えず、効率の悪いしつけをおこない、睡眠に気を配らず、親としての自信があまりないとされている。とはいえ、家庭の混乱が親を無能にしているわけではないし、もしあなたが家庭内の煩雑さに苦労していても、それがすなわち悪い親だということにはならない。ひょっとしたら原因は逆かもしれない――能力のない親は、そもそも家のなかが散らかっていても気にしないのだ。どちらが原因なのかははっきりしないが、混乱があれば、育児問題が発生する可能性は高くなる。ワックスは、これが敏感な親だったらどうなるのか、という疑問を抱いた。

ワックスの混乱と敏感性に関する研究では、家庭によって騒音や散らかり具合に明確な差があることがわかったが、それぞれの家庭に派遣されたＨＳの母親と研究者は、その度合いに同等の評価をくだした。散らかっている家に対して、ＨＳの母親は混沌とした印象を持ち、家に大勢人がいたり、おもちゃを片づける場所がなかったりした場合、とくにその印象は強まった。しかし敏感な気質を持たない人は、たとえ第三者に散らかっていることを指摘されても、そうは感じていなかった。この調査では、混乱に悩むＨＳの親（もちろん全員ではない）の片付け能力を測定することはしなかったものの、私たちの調査によると、少なくとも彼らは（非ＨＳＰに比べて）みずからをとても有能だと報告している。

## HSの親が過剰刺激を受けるその他の要因

家庭の「混乱」に加えて、過剰な刺激の一因は私たちの情動反応にある。承知のとおり、あらゆる物事を深く感じることは、ある種の刺激である。多くの人にとって最大の困難は、避けようのない社会的刺激だろう。あるHSの親は言う。

プレイデート（親どうしが事前に時間と場所を決めて子供を遊ばせるシステム）は最悪。ほかの子が混ざってくるなんて！

さらに育児には「決断」がともなう。以前、若い親たちがベビーシッター、チャイルドケアのオプション、プレスクールの選択で、何時間も悩んでいるのを聞いたことがある。HSの親は、復職すべきか、もうひとり子供をつくるべきか、といったことでとことん悩む。いずれも簡単な決断ではない。場合によっては、それらの決断は個人の価値観にかかわってくる。が、世間には役に立つ情報というものがあり、昨今の問題はそれを探すことだ。はたしてインターネットで何時間調べ物をしたら、過剰な刺激を受けて疲れるだろう（これについては4章で詳述する）。

あなたの身体もまた、過剰な刺激の一因である。HSPスケールの結果から、HSPは一般的に痛みに敏感だということがわかっている。どんな親も筋肉の張りや痛みはつらいと思うが、ＨＳの親はとくにそうしたものを感じやすいという。あらゆる物理的刺激がＨＳの親にとっては強すぎて、たとえば会議中に座り心地の悪い椅子に座ったら背中が痛いし、汚れた靴で遊園地を歩き回ったら、それがどんなにおいであれ鼻につく。

複雑なことも過剰な刺激になる。複雑な指示を理解しようとしたり、覚えようとしたり、つぎの行動を決めようとしたりすると、処理はできても、エネルギーを消耗するのだ。

また、ふたつ以上のことを処理するのも刺激になる。たとえば電話中、あるいは献立を考えているときに子供に話しかけられるなど。

背後で流れるテレビの音など、たとえたいした刺激でなくとも、それがずっとつづけば過剰な刺激になるし、その状態でほかの事をしようと思ったら、かなりの集中力が必要になる。自分をコントロールするには精神的なエネルギーが不可欠だ。あなたの脳が栄養や休息を必要とする器官であることを思えば、当然、肉体的なエネルギーも必要になってくる。

自分を大切に扱えば、内側からの刺激は大幅に軽減できる。自己批判はとても疲れるのだ。

## 育児燃え尽き症候群の生理学

過剰な刺激は、子供の年齢に応じてさまざまな形でやってきる。三歳以下の子供がいる人には、母親の燃え尽き症候群について書かれた名著を紹介したい。リック・ハンソン、ジャン・ハンソン、リッキー・ポリコーブ著『マザー・ナーチャー Mother Nurture』だ（内容の大半は父親にも当てはまるし、もちろんＨＳの父親にも当てはまる）。実際、子供が大きくなっても、ここに書かれた情報は役に立つだろう。この本は、医師、鍼灸師、セラピストといった、この主題に関して豊富な経験を持つ三人の医療専門家が共同執筆したものである。二〇〇二年に母親のみを念頭に置いて書かれた本で、ＨＳの親を対象にしているわけではないが、それでも私たちの抱える生理学的問題を的確に説明し、幅広い治療の選択肢を提案している。

ＨＳの父親にも、この燃え尽き問題を自分のこととして真剣に受け止めてほしい。たしかに（データの分析に十分な父親の数が確保できた）二番目の調査では、ＨＳの母親と違って、ＨＳの父親は育児に対して非ＨＳＰと同程度の苦労しか感じていなかった。それでも、なかにはかなりのストレスを感じている人もいるはずで、パートナーと同じくらい身体的影響に苦しんでいる可能性がある。女性は物理的に妊娠したかもしれないが、父親であるあなたはその当時から、そしていまでも、不安を抱えながら、いつも以上に多くの仕事を引き受けてきたのではないだろうか。たとえば父親にとってのストレスは、家庭でさまざまなことが巻き起こっている最中に、十分な収入を稼ぎ、きちんと仕事をこなさなければというプレッシャーで増幅する可能性があるが、私たちの調査では、職場のプレッシャーについては触れていなかった。

## 四つのシステム、プラスワン

難産だったり、両親のいずれかが事前にエネルギー切れになっていたり、栄養不足だったり、疾患があったり、何らかの原因で感情的なストレスを抱えていたりすると、親になった最初の数年で、あなたの身体に備わった四つのシステムは消耗してしまう。各システムは、それぞれのシステムにとって非常に大事なものである。

**消化器系。**子育てのストレスにより、消化器系（胃と腸）の働きが鈍り、吐き気、便秘、下痢、ガス、栄養失調などの問題が生じることがある。こうなるとあなたの身体の残りの部分（ほかの三つのシステム）が受け取る栄養素が減り、上手く機能しなくなる。

**神経系。**身体の隅々へと情報を送り届ける神経系は、不安という形で異変を感じたり、気分や感情に問題が生じたりすると、その情報を脳へ報告する。神経系がうまく機能していなくても、思考は生まれる。この基本的な機能を止めることはできないが、そうやって生みだされた思考が健康を害する場合がある。

さらに、頭痛、睡眠不足、神経系の機能不全による気分障害の治療を頻繁に受けている場合、消化管系がダメージを受けているかもしれない。これらはすべて相互に作用している。

ストレスが原因で減少する神経伝達物質は少なくとも四つある。バランスを保つための治療法はいろいろあるが、たいていの場合、同じ症状の親を見たことがある精神科医でなければ対処できない。

**内分泌系。**内分泌系では甲状腺、テストステロン、オキシトシン、コルチゾール、エストロゲン、プロゲステロン、プロラクチン、ＤＨＥＡ、インスリンなど、多くのホルモンが生産されている（男女ともこれらすべてのホルモンを体内で生産しているが、もちろんその量は異なる）。体の隅々へとメッセージを伝達するホルモンは、ときとして間違ったメッセージを送受信することがあり、ホルモンバランスが崩れると、疲労、いらだち、震え、夜中に目が覚めて眠れなくなる、うつなど、あらゆる症状が発生する可能性がある。こうした症状は、自分がいま「ストレス状態にある」ことを身体全体に伝え、消化器系、神経系、免疫系に警戒を促している状態である。

**免疫系。**ストレスの影響を受ける四つ目のシステムは免疫系で、これはあなたの健康を守る主要なシステムである。ストレスやホルモンバランス、栄養不良、うつなどのせいで、このシステムに過不足があると、感染症やアレルギーだけでなく、疲労や炎症など、診断が困難な症状をともなう自己免疫反応を引き起こす可能性がある。

いま述べた四つのシステムはすべて筋肉の機能にも影響しており、つまり、持ちあげたり、曲げたり、騒いだり、踊ったり、伸ばしたりといったことに関係している。概して子育てとは肉体労働である。だから、時間とともに消耗するのは仕方がない。あなたは子供のために強く、無敵でありたいと思うだろう。が、HSの親ならとくに、ストレスを受け入れることが、肉体のニーズを思いやることにつながっていく。つまり、こうしたシステムに対する十分なケアを施すこと、必要なときに必要な時間を確保して、体調を崩したり、医者に行く必要が生じたりしたときには、ちゃんと身体を休ませてやることが大切なのだ。

## HSの親はつねに燃え尽き症候群になる可能性がある

子供が小さくても、多少大きくなっても、子育てで生じる過剰な刺激の肉体への影響は変わらない。と同時に、あなたのセルフケア能力も向上し、刺激自体の形も変わっていく。朝早く起きて、子供を学校に送っていかなければならない時期は、十分な睡眠がとれないかもしれない。子供が学校から持ち帰るすべてのもの（授業で作った「芸術作品」、宿題、心の傷、しつこい質問、子供自身の過剰刺激）にも対処しなければならず、子供たちの身体はあなたに寄りかかって、すべてを吸収してほしい、落ち着かせてほしいと願っている。加えて、先生やほかの親からもいつも何かを期待され、熱のこもったやり取りに巻きこまれることもある。セルフケアをおろそかにすれば大変なことになるだろう。

一〇代になると、音楽、声、友人など、家で何かと大きな音を出す傾向にある。彼らについては考えるべき問題がたくさんある一方、年を重ねていく親のほうは、身体のシステムをさらに気遣わなければならなくなる。映画『マグノリアの花たち』（一九八九）で、美容師役のドリー・パートンが、若い花嫁の支度を見ていた中年の女性に向かって「二〇歳を越えたら、生まれ持った美しさなんてなくなるわ」と言うのだが、私はこの台詞をもじってよく「四〇歳を超えたら生まれ持った健康なんてなくなるわ」と言っている。痛みや苦しみ、慢性的な疾患を避けるために、突如、これまで以上にあらゆることをケアしなくてはならなくなるのだ。

## 愛着育児はどうか

乳幼児や幼い子供の親が受ける身体的なストレスを理解したところで、今度は子供にとって（あなたにとっても最小限のストレスで）何が一番安全なのかを話していきたい。心理学者として私は、子供が安全な愛着を持つことの重要性をよく理解している。実際、それについては特別な興味を抱いているといっていい。また、愛着育児 Attachment Parenting の原則、乳児の要求にはできるだけ応じるという決まりも気に入っている。母子が望むかぎり、母乳を与えるのは精神的にも身体的にも健全なことだと思う（私は息子が三歳になる直前まで母乳をあげていた）。赤ん坊は信頼できる保護者の身体とつねにくっついていたいものである。身体が触れ合う抱っこ紐などで赤ちゃんを運ぶのは親にとっても利点が多く、というのも両手が使えるうえに、親密な距離感を保ったまま赤ん坊は眠りに落ちてくれるからだ。

しかしＨＳの親にとって、乳児が安全だと認識できる保護者がひとりしかいないのは好ましいことではない。ＨＳの親は、密な接触から距離を取って、こまめに休息を取る必要がある。四六時中ずっと親でいなければいけないというのは幻想だ。人間は、年長の兄姉、祖母のほか、母親の代わりに面倒を見てくれる大家族のなかで進化を遂げてきた。母親は彼らのおかげでストレスから回復し、ふたたび年少の子供の面倒を見、有能な大人として働くことができた。なぜ、こうした複数の保護者が面倒を見るという習慣がなくなったのだろう（私の仮説を読んでいる時間はないと思うので、この問いには答えない）。実際いまでも多くの人に、助けてくれる家族や、家族のように支えてくれる友人がいるし、パートナーがいる人も多い。若い親たちはコミュニティ内で仕事を分担しながら、大家族になることもできるし、保育園は、いつでも利用可能な現代の「大家族」だといえるだろう。思うに、家にひとりでいることは、人間の育児の伝統を欠いているのではないだろうか。

子供を本当に大切にする大家族は、基本的にいまでも愛着育児をおこなっており、乳児の要求に応じながら、できるかぎり身体的接触を維持している。しかしこの種の愛着は、乳児が信頼できるとわかっているひとり以上の人間と形成するもので、少なくともＨＳＰの場合、こうした応答性と物理的近接の原則は、その役割を満たすために第三者が介入してくれたときにのみ発動される可能性が高い。こうしたことから、乳児の世話は、複数の保護者がおこなうことが前提になっているのかもしれない。

私が知るかぎり、いまのところ、ひとり親の愛着育児が「主流の」育児よりも優れていることを示す研究は存在しない。私はその可能性はあると思うが、しかし、愛着には保護者と子供、ふたりの人間がかかわっているため、保護者と子供が一組の親子としてどう機能するか、という点に着目していくべきだろう。赤ん坊のなかにはあまり長く構われたくない子もいる。また、赤ん坊を長時間抱いていたせいで腰を痛める親もいるかもしれない。ひとりで面倒を見ている親が、夜中にしょっちゅう赤ん坊に起こされたらどうなるだろう。過剰な刺激の生理学的影響を思い出してほしい。

つまり、ひとりの保護者（たいていは母親）とコンスタントに接触するのは、場合によってはいいかもしれないが、ＨＳの親に関しては、まず、避けたほうがいいということだ。心で悲鳴をあげながら愛着育児を演じている親が、「よくできた」子供を育てあげる可能性は低いだろう。

それでも多くのＨＳの親が、その誠実さゆえに愛着育児を試みる。だからこそ私は、片時も離れないという行動以外で、子供に安心感を与える方法を皆さんに伝えたいのだ。子供のいる猫を飼った経験がある人なら、子猫がいくら叫んでも、親猫が（子猫のもとを離れて）箱の外に出ていく場面を見たことがあるだろう。ぜひ、猫の真似をしてみてほしい。

ひとりで愛着育児を経験したＨＳの親たちの話を紹介する。

私には自分のスペースが必要だけど、このやり方では無理だ。平穏がほしいけれど、いつも子供がそばにいたらそんな機会はめったにない。刺激は少ないほうがいいけれど、プレッシャーは容赦なくのしかかってくる。これだけ苦労して、「いい子」に育てる価値があるのだろうか。もう、わからない。

ＨＳＰにとって、愛着育児は人よりプレッシャーが多い。なにしろ子供が、毎日二四時間自分の「領域」にいるのだ。私の脳はこう主張しつづけている。「これが私の望む育児法だ」。だけど私の心は別のことを言う。「子供を遠ざけて。私を休ませて！」。子育ては困難でストレスの多い行程である。

私はとても敏感で、娘の健康に並々ならぬ関心があったので、愛着育児に専念し、長めに母乳を与え、一緒のベッドで寝て、思いやりのあるコミュニケーションを心がけてきた。長女とは七カ月になるまで一緒に寝て、その後はひとりで寝かせて「泣かせっぱなし」の手法を取った（それは一年ほどつづいた）。一番下の子は、二〇カ月ごろまで一緒に寝ていた。私はいつでも最善の決断をしようと努力している。ただ、もう少し自分の睡眠や、娘たちの睡眠を大事にできたらと思う。もし戻れるなら、すぐにでも子供たちを父親の愛情のこもった温かい腕のなかで泣かせて、眠らせてあげるだろう。

## 過剰な刺激に対処する方法

ＨＳＰが過剰な刺激を減らすためのヒントなら、いくらでも提供できる。というのも、インターネットを開けばどこにでも見つかるからだ。それでも、珍しいものや、とくに親にとって重要なものをいくつか挙げていきたい。

まず、過剰な刺激の問題を三つのカテゴリーに分けていく――避ける、事態に対処する、回復する（もちろん重複する部分はある）。以下がそのアイデアだ。

### 過剰な刺激を避ける

当然ながら最善の解決策は、たいていわが子からはじまる、そもそもの過剰刺激を避けることだ。あなたの子供が過剰な刺激やストレスを受けていたら、気をつけていないと、あなた自身もすぐに同じ方向に引きずられることになる。

子供が過剰な刺激で疲弊してしまわないように、できることをしてほしい。どれくらいで参ってしまうかは、子供の敏感性の度合いによるが、敏感じゃない子供であっても疲弊する。世界は彼らにとって新しく、ごく単純なことであっても斬新で、あなたが思う以上に多くのことを処理し適応しなければならない。だからどうしても子供たちは刺激を受けるし、それでもあなたはうまく育てていかなければならない。わくわくする場所、つまり彼らの好きな場所、学べる場所へ行くと、子供は疲れ果て、あなたも一緒に疲弊してしまう危険性がある。たとえ外向的な子供でも、友達と一緒にいるだけでエネルギーを消費する（癇癪《かんしゃく》については5章を参照のこと）。

自分の子供にはどのくらい刺激が必要で、どのくらいなら対処できるのかをよく理解してほしい。なかには多くの刺激を必要とする子もおり、興奮や身体的な活動が足りないと、騒いだり反抗したりすることでそれをつくりだす場合がある。一方で、静かな時間が必要な子供もいる。放課後、週末、休暇期間に必要な活動量、限界を過ぎたときに示す兆候などを観察してみてほしい。大半の子供は、学校やデイケアから帰宅した時間を休息時間にあてることができる。（学校などで）じっとしているよう、あるいは指示どおりにするよう言われている子供のなかには、「ストレス発散」が必要な子もいるかもしれない。子供の休息時間も、サッカーやダンスのような活動時間も、あなたが家事をしたりほかの両親と話をしたりしないと決めれば、どちらもあなたの休息時間になるだろう。

一〇代の若者はみずから過密スケジュールを組むことが多く、受験生ともなれば、成績、テストの結果、出願など、さまざまなことが家族全体に負担をかける。若者を制御するのはむずかしい。それに、彼らも自分の面倒は自分で見られるようにしなければならない。なので、子供が自分の限界を見極められるようそれとなく促してあげてほしい。たとえ一週間でもいいから、色々な活動、宿題のプレッシャー、睡眠時間についての記録のほか、自分の感情、気分、健康状態などを評価させ、みずから結論を導きだしてもらうのだ。

子供にかかる、そしてあなたにもかかる過負荷に気をつけることは、育児の基本であり、子供に同調できるあなたの性質を思えば、それほどむずかしいことではない。ここで、いくつか提案したい。

**提案**

- 過刺激の危険がもっとも高い状況を知ること（学校から帰宅した子供たちのとめどないおしゃべりに耳を傾けなければいけないときなど）。おやつなどを利用して、子供たちにしばらく静かにするよう促す。子供の帰宅前に休息が取れなかったり、過刺激を受けそうだと思ったりしたら、子供たちが休憩しているあいだに、自分も休憩を取る。
- 幼い子供にとって（おそらく誰にとっても）、食事、水、睡眠は幸福へのカギである。
- 子供が泣いたり叫んだりする時期なら、つねに耳栓を手元に置いておくこと。少なくともひとつ、周囲の音を遮断できるヘッドフォンを用意しておくといい。完全に音が聞こえなくなるわけではないが、甲高い叫び声などは緩和できる。あるＨＳの父親の話だ。

面白いことに、泣き叫ぶ子供をあやそうとするよりも、その声を無視しようとするほうが余計にストレスになる。たとえあやす際に、騒音の源に近づくことになっても、だ（彼の解決策は、複数の耳栓を必要な場所に置いておき、音に耐えられなくなったら装着する、というものだった）。

- プレイデートは制限し、慎重に計画する。参加する場合は、終わったあとに子供もあなたも疲れてしまうことを念頭に入れておくこと。おもちゃの数を減らし、おもちゃ置き場、片づけ先など、ルールを決めて遊び場を提供する。
- 乱雑さを減らす。散らかったものを見栄えのする箱に収納して、一カ所でも二カ所でもきれいな場所をつくっておくと、乱雑さは軽減される。整理ダンスを用意するか、段ボールなどでつくってもいい。箱の中身が整理されていなくても、それは気にしなくていい。子供のいる家庭で、すべてが完璧に整理されている家庭などない。
- 自分の体力残量をチェックする。ある被験者はそれをパイにたとえ、朝用に三分の一、昼用に三分の一、夜用に三分の一ずつキープしておくと述べていた。最後のパイを使いきったら、低速ギアに切り替えること。
- 壁にぶつかる前にこまめに休憩を取るのは、とてもいい考えだ。あるＨＳの親の言葉だ。

騒音によるダメージは間違いなく大きかった。最初は泣き声、いまでは大騒ぎ。疲れがたまるほど、気分も悪くなる。子供たちのはしゃぎ回る声や、それを見ながら話しつづける親たちの声が飛び交うパーティやプレイデートに参加することもある。やがてみんなはしゃぎ疲れて休息が必要になる。そういうときは、子供たちを大人しくさせるだけでなく、自分のために静かで落ち着いた空間を確保し、休息が取れない場合は、深呼吸やミントティー、もしくは水を飲んで気持ちを静める。私は自分と息子に必要な休息を確保するために、家族で参加する行事に関しては、かなり徹底した管理をおこなっている。人や行事が大好きな私にとって、これはかなりむずかしい。

私は散らかっていたり整頓されていなかったりすることが嫌いで、子供たちが生まれる前は、ずいぶん家のなかをきれいにしていた。子供たちが生まれてからは多少の乱雑さには目をつぶらざるを得なくなって、それがとても苦痛に思えることがあり、自分を麻痺させ、そこから離れなければ爆発しそうなほどだった。

## 境界線

この気質を持つ母親として経験したさまざまなこともまた、境界線の必要性を教えてくれた。私は自分の限られたエネルギーを大切にすることを学び、だから子供たちに家のことを手伝ってほしいとお願いする。子供が断れば、彼らは大切なモノや行事を逃すことになる。

すべてのＨＳＰにとって、過剰な刺激を避けるカギは境界線だ。つまり、「ノー」と言うことである。だが幼い子供に対しては、必ずしもノーと言う必要はない。彼らには本当に助けやケアが必要だし、何かがほしいとなれば、与えてしまったほうが簡単だと思えるほどの大騒ぎをする場合もある。一〇代になっても同じことをしようとするが、その場合、彼らに必要なのはあなたが耳を傾けることだけかもしれないし、彼らの選択の結果や、人としてのふるまい方などをやさしく教えてあげることかもしれない。ＨＳＰの近親者（とくに子供やパートナー）は、自分たちが騒ぐとＨＳＰは過剰な刺激を受け、ろくに話し合わないまま妥協する、ということに気づくだろう。しかし世話やしつけで妥協するわけにはいかないので、やはり育児の合間にできるだけこまめに休息を取ってほしい。

一般的に、あなたは人に対して（あなたの子供だけでなく、友人、親戚にも）より頻繁に「ノー」という必要がある。その理由をパートナーに説明し、ときにはパートナーにも「ノー」と伝えよう。これ以上与えるものがなければ、あなたの注意を引きたくて近くにいる人たちに、断固とした態度を示すこと。みんながあなたに何かを求めてきても、それを与えるかどうかを決めるのはあなた自身なのだ。彼らはあなたの気持ちを知らないし、知っていたら自分の要求であなたを悩ませたくはないだろう。だから、彼らにそれを知らせてほしい。

場合によっては、自分にノーと言うのが一番困難かもしれない。自分の限界を知っていても、その限界にこだわるのはむずかしい。刺激追求型の人は、この葛藤をよく知っている。「刺激追求型システム」と、いわゆる「敏感なシステム」の両方を備えた人たちは、たとえるなら「片足をアクセルに、片足をブレーキに置いている」ような状態だ。刺激追求型のＨＳの親も私たちと同じく休息を必要とする一方で、子供たちと何かをやり遂げたり、楽しんだりしたいと願うため、その苦労はさらに大きい。

ノーと言うのは、ときに家のことを放棄することであり、罪悪感に「ノー」ということでもある。たとえあなたの完璧な栄養基準を満たしていなくても、ありあわせのもので簡単な食事をつくればいい。なかでも睡眠は、何よりも優先されるべきである。時間があるときに、眠ること以外、すべてにノーと言うことを考えてみてほしい。

とくに子供がふたり以上いる場合、口では言えても、実際に行動に移すのはむずかしい。それでもあなたの意識の状態は、あなたの行動の基本である。あなたがすっきりした状態なら物事はうまくいくし、そうでなければうまくいかない。つまりはそういうことなのだ。

### 過剰な刺激を受けたときの対処法

あなたはいらいらして、これ以上無理だと感じている。休憩したいが、それもかなわない。

赤ちゃんをひとりにできないからだ。あるいは一緒に遊ぶ子供たちを見ていなければならないからだ。もしくは一〇代の子供が家に帰るのを待って「話をする」必要があるからだ。

これが、信頼できる人の助けが必要な理由である。詳細についてはのちほど説明するが、かりに助けてくれる人がいなければ、どうしたらいいだろう。

**つらい状況をどうするか**

- 子供と一緒に、いまいる場所や遊びを変える。部屋を移動する、ドライブに出かける、お店を出る、お店に行く、など。
- ある幼い子供の母親が言うように、子供を抱きしめる。気分がいいし、話を聞くより簡単だ。
- 子供が楽しそうに遊んでいたら、それがたとえ短時間でも、本を読んだり、ぼうっとしたりする。急いで用事を済ませようとしないこと。
- これは賛否がわかれるかもしれないが、個人的には、HSの親が休憩する際に、自分の視界や声の届く範囲で、子供たちをパソコンの前に座らせて、質のいいテレビ番組やビデオを見せるのはいいと思っている。テレビの悪い部分が何であれ、疲れたHSの親だって相当ひどいときがあるのだ。
- ゆっくり深呼吸をする。口から息を吐くと、つぎの呼吸が深くなる。ストレスの原因を吹き飛ばすイメージでやるといい。

- お茶を入れる。
- 足のマッサージをする。
- 五感にご褒美をあげる。いい香りをかぐ、きれいなものを見る、好きな音楽を聴く、好みの健康食品を食べる、パジャマやスウェットなど快適な服に着替える。
- 子供でも大人でもいいので、自分の好きな人と、できれば一分間ハグをする。ハグが身体にいいのは、ストレスホルモン、痛み、高血圧をやわらげ、オキシトシンの増加によって病気になる可能性が低下するからだ。これによって大半の人は気分がよくなる。
- ストレッチ。身体を曲げて床に触れたら、背骨が伸びるのを感じながらゆっくりと体を起こす。ワーッと叫ぶように口を大きく開け、ついで顔をリラックスさせる。ヨガをやっている人は、その状況にふさわしいポーズをおこなってもいいだろう。
- 必要なら、しばらくバスルームに引きこもる（ただし、子供が放っておいても大丈夫な年頃の場合）。子供たちも理解してくれる。
- 好きな本や好きな音楽を手元に用意しておく。そうすればちょっとした隙に本を読めるし、うまく時間ができたときの楽しみにもなる。
- 挨拶だけでもいいので、仲のいい友人に電話やメールをする。
- がまんしないで泣く。
- ある母親からの提案——自分が泡や大きなボールに包まれているところを想像する。そうすれば（現実的であれ比喩的であれ）子供が飛びついてきても、それに跳ね返された子供を思い浮かべることで、こちらの敏感な神経系を守ることができる。

- 邪魔されても、いらいらせずに子供と同じ部屋で瞑想をおこない、「特別な休憩をしている」のだと説明する。瞑想をすることで、近くにいる人も落ち着くことがある。
- 子供と出かける。屋外ならなおいい。自然は驚くほど心を落ち着かせてくれるし、少なくともエネルギーを変換してくれる。雑用をこなしたり、子供が過剰な刺激を受けそうな環境に出かけたりするのは控えること。
- 水分を十分補給し、夕食やおやつにタンパク質を摂取する。休息、食事、水分など、子供に必要なものはあなたにも必要だ。
- 好きな休憩の仕方（五分以内）を書き留める。頭が働かないほどストレスでいっぱいのときには、このリストを参考にしてほしい。これはあなたが事前に考えた対処法である。

## 過剰な刺激からの回復

回復は、過剰な刺激を予防し、耐えることと言い換えてもいいかもしれない。くり返しになるが、子供が休んでいるときや、子供が家にいないときは休息を取ってほしい。刺激が多すぎて、精神的にも物理的にも育児のあれこれをこなす余裕がないと、眠りたくても眠れないことがある。それでも大丈夫。眠れなくても、休息を取ってさえいればいい。刺激の八〇パーセント以上は視覚から入ってくるので、目をつぶるだけでもずいぶん違う。

ただし、しょっちゅう夜中に目が覚めて、そのまま眠れなくなる場合は注意してほしい。治療が必要な、うつや慢性不安の兆候かもしれない。自分の症状が「疾患」かどうかを知ることで不安が軽減されるなら、インターネットでＤＳＭを調べてみてほしい。「ＤＳＭ」とは、精神疾患に関する診断・統計マニュアル Diagnostic and Statistical Manual of Mental Disorders のことである。あなたの代わりに、誰か信頼できる人に調べてもらうとなおいいだろう。望ましいのは、一緒に住んでいる人か、すぐそばでいつもあなたを見ていて、あなた自身では気づかないような些細な変化にも気づける人物だ。

ただし、すぐに泣いたり、おろおろしたり、過剰な刺激のもとで集中できないといった「症状」は、ＨＳＰの正常な反応なので動揺しなくていい。うつや不安症は、ＤＳＭのリストにある症状が、うつの場合ほぼ毎日二週間以上、不安症の場合は半年以上つづいた場合のみ深刻だと判断される。もしこの基準を満たしていても、ＨＳに理解があるか、学ぶ意欲のある精神科医を見つけてほしい。またこの基準を満たしていなくても、やはりうつや不安の症状が気になれば、誰かに相談してほしい。そうでなければ、あまり気にせず、誰かに（有償あるいは無償で）子供や家事の手伝いを頼んで、ようすを見てみるといいだろう。

休息と睡眠が不可欠な一方で、状況によっては（自分で用事を済ますといった些細なことでも）やり方を変えることが大切になる場合がある。何度も言うが、これこそがあなたに助けが必要な理由である。育児とは無関係な活動――新しくてエキサイティングなものや（そう、たとえHSPにとっても）、いつでも楽しめるもの――は、とくに役立つことがある。当然こうしたものは多くの刺激をもたらすので、くれぐれも注意して、ちょうどいいバランスを見つけてほしい。

ある親の話だ。

私はHSPとして自分のニーズを尊重しつつ、仕事をがんばって、熱心で愛情深い親になろうと奮闘している。けれど、セルフケアに関して守れていない約束がたくさんある。

慢性的に過剰な刺激を受けつづけると、刺激を止め、回復するのがむずかしくなる恐れがある。あなたは無理して突き進み、つまり体内でストレスに対処するためのコルチゾールを生成しつづけるのだが、それはあなたの活動が止まっても、急には止まらない。しかしストレスが多すぎると、やがてコルチゾールを生成する副腎を消耗してしまう。あなたが無理をすると、その代償は高くつくのだ。くれぐれも気をつけてほしい。

**回復のためのヒント**

- 休息中に、できるだけ自分を労わる。

・「お風呂」の時間をつくる。キャンドルや静かな音楽、ラベンダー、シダーウッド、サンダルウッドなど好きな香りを用意して、温かいお湯につかる。
・水は万能である。飲んでも、お風呂に入ってもよし。川のほとりを歩いても、泳いでも、音を聞くだけでもよし。寝室に小さな噴水の置物をおいておけば癒されるし、周囲の音を遮断するのにも役に立つだろう。
・季節ごとに、体調にあった（温かい／冷たい）飲み物をのむ。
・ひとりで健康的かつ快適な食事を楽しむ。
・セルフマッサージをする。プロのマッサージを受けられなくても、マッサージオイルやローションを用意し、服を脱ぎ（必要なら室温をあげて）、目の前にキャンドルを置いてタオルの上に座り、届く範囲で各部位をゆっくりとマッサージしていくと、とても気持ちがいい。
・あとで確認できるよう育児日記をつける。気持ちを表現するのに、絵を描いたり詩を書いたりしてもいい。この記録をいつか大切に思う日がやってくるが、ひとまず一歩下がって、物事の移り変わりの早さや、自分がどれだけのことをしているか、どれだけよくやっているかを確認してほしい。
・子供を持つことを決めた理由をリストアップし、また子供やパートナーのいいところを書きだしていく。必要に応じてこれらのリストに目をとおしてほしい。

ある親の言葉だ。

これまでのところ、自分がシャットダウンしてしまうのを避けるための最善の方法は、自分のエネルギー残量を注意深く監視することである。少しでもいらいらしたら休憩を取る。そして「とにかく耐えろ」という内なるメッセージとともに、家のなかの騒音や混乱を遮断する。

## 「スピリチュアル」を実践することの価値

過剰な刺激に晒されたHSの親にとっておそらく一番むずかしいのは、物事を大局的に見ることだろう。たとえば、うちの子はいつトイレの仕方を覚えるのだろう、と思う（大丈夫、大学生になればおむつははかない）。あるいはこの先、快適な睡眠や、自分のためだけの時間を持つことは一生ないと感じるかもしれないし、年頃になった子供から、みんなに見られない場所で降ろしてほしいと言われることもあるだろう。もちろん、これが一生つづくわけではないのはわかっているし、自分の人生で子供を持てたという事実に感謝しているに違いない。しかしストレスや恐怖を感じると人生観は狭まり、反対に気持ちが落ち着くと、また広がっていく。

個人的に、ＨＳＰが大局を見るのは簡単なことだと思う。私たちは物事の流れや結果についてつねに考えている。だからこそ、ＨＳＰの多くはスピリチュアルな気質を持ち、大きなくくりで物事を俯瞰する。私たちはなぜ生まれたのか？　なぜ生きているのか？　誰が、あるいは何が私たちをつくりだし、コントロールしているのか？　死んだらどうなるのか？　こうした自問をくり返すＨＳＰの気質こそが、私が彼らを「司祭階級の助言者」と呼ぶゆえんである。この気質を持たない人は、いろいろうまくいかなくて思い悩むと、私たちのもとへやってきて、これまで彼らは考えてこなかったけれど私たちがずっと考えてきた事柄について助言を求める。

敏感性の調査に関するインタビューを開始した当初、私はスピリチュアルに関する質問はずっとしないでいた。というのも、私的な部分に踏みこみすぎかもしれないと思ったからだ。しかしインタビューに応じてくれた四〇名全員が、その話題を自分から切りだし、その多くが自分なりの実践法を持っていた。

スピリチュアルの実践とは、自分よりもはるかに大きな何かと結びつき、すべての存在、すべての創造物、無限と永遠、神やアラー、聖なるもの、そしてその源とつながることだと考えている。昨今では多くの人が、伝統的な宗教を信仰している人でさえ、自分なりの実践法を模索している。そして目的地の名称は違っても、その道は最終的に同じ場所につながっているように思う。

自分に必要なときに大局を見たいと望むなら、毎日の精神修行は欠かせない。忙しくて毎日できないという場合でも、できるかぎり頻繁に取り組むことが大切だ。これは、別の形の休息である。

私の話を紹介する。

息子が生まれた年、私はポストドクターとして、パリにある二部屋のアパートメントに住んでいた。毎晩、夕食を作っていると決まって息子がぐずりだし、私は足を引きずるようにしてそちらへ向かった。キッチンに置かれたベビーベッドに入れると息子は泣き叫んだ。夫が息子を別の部屋へ連れて行ってあやそうとしても、息子は私でなければ嫌がった。そのやり取りのあいだ私は呆然とし、泣くか怒るか、あるいは泣きながら怒っていた。友人の強い勧めもあって、私たちはパリで超越瞑想（Transcendental Meditation：以下ＴＭ）を学ぼうとしていたが、金欠と育児のためにとん挫していた。しかしこの状態がつづいたため、やはりＴＭを実践することにした。はじめての日、私と夫が（もうひとりがキッチンで息子を静かにあやすあいだ）二〇分交代で夜の瞑想をおこなったところ、その夜は、どちらも穏やかな気持ちで過ごすことができた。これまでそんな経験はなく、まるで奇跡のようだった。以来、夫と私はＴＭのとりことなった。

深い休息とスピリチュアルの実践を組み合わせた方法は、精神的努力をともなわないかぎり、瞑想である。さまざまなやり方を比較すると、もっとも楽に心穏やかになれるのは、つまりあなたの目的にもっともかなっているのは、TMだろうと思う（TMは、キリスト教の祈りのセンタリング Centering Prayer に非常によく似た瞑想法だ）。TMを学ぶには多少お金がかかるが、その価値は十分ある。教えは非常に専門的で統一されており、何かあればこの先ずっと助けになってくれるだろう。何より、これは少々皮肉だが、努力しないことを学ぶためには、何度か専門家の指導を受けなければならないのだ。この方法を実践すれば、力を抜いてぼんやりしたり、快適な眠りについたりすることができる。つまり休息とは、活動の基礎であり、意識の進化なのだ。なかには、すでにお気に入りの瞑想法を実践している人もいるかもしれない。もしそうなら、ぜひそれをつづけてほしい。

あるいは、祈り、ヨガ、表現アートセラピー、森林浴、庭いじりなどが、あなたにとっての瞑想法になるかもしれない。いずれにしても時間を取って、できるだけ頻繁にそうしたことに挑戦してみてほしい。

## セルフケアとHSの親の過去

HSPは一般的に、「差次感受性」で知られており、いい子供時代を過ごした人は多くの点でほかの人よりも優れているが、逆に悪い子供時代を過ごした人は、不安、うつ、内気、自尊心の低さなどに悩む傾向がある。

私の経験では、差次感受性はセルフケアにも影響する。恵まれた幼少期を過ごした人は、HSである自分のケアの仕方も十分に心得ているだろう。一方で、自分よりも他者のニーズを満たすような、ネグレクト、あるいは自分本位な世話を押しつけられた経験のある人は、自分をケアすることが苦手かもしれない。もしそうなら、自分が自分をどうケアしているかを確認し、この先もうまくケアができそうになければ、専門家の助けを借りてほしい（拙著『ジ・アンダーバリュード・セルフ The Undervalued Self』が参考になるかもしれない）。ネットで「エレイン・アーロン、セラピストの見つけ方 Elaine Aron on how to find a therapist」と検索してもらうと、優秀なセラピストの見つけ方や、あなたの気質をセラピストと話し合うことについて、私が書いた記事がいくつか見つかるだろう。

HSの親は、自分のセルフケアが家族のためになっているか、という点を頻繁に確認する必要がある。多くの場合、休息と仕事のバランスについての考え方は、幼少期の経験がもとになっている。もし、どちらか一方が支配的なカップルを目撃したら、自分が同じ状況にならないようくれぐれも注意してほしい。傾向として自分が支配される側であれば、自分と子供のために声をあげる必要がある。逆にあなたがお金を稼ぎ、家族で唯一のHSPなら、支配者側に立つのは簡単だ。だがあなたが敏感で働き者だからといって、家事の分担を減らし、面倒ごとをやらなくていいということにはならない。これはチームとして話し合うべきことだ。仕事のストレスで家事が手伝えないなら、それを改善するにはどうしたらいいかを真剣に考え、敏感性に考慮しつつ、家族の楽しい場面にもつらい場面にも参加できるよう努力してほしい。そのためには創造力を発揮し、ひょっとしたら何かを手放す必要があるかもしれないが、その価値はある。これについては3章でさらに詳しく述べていく。

## まとめ

HSPに組みこまれた唯一の問題は、すぐに過剰な刺激を受けることだ。自分が消耗しているなと思っても、大丈夫、あなたはうまくやれるし、やらなくてはならない。休息中に頭がすっきりしてきたら、自分の人生をよく考えてみてほしい。自分の得意なことは？　きちんと食べている？　助けを雇うために減らすべき支出は？　手放すべきものは？　考えてみてほしい。過去に何かを手放した経験があるなら、それに未練はあるだろうか。あなたの人生に育児が追加されたいまこそ、何かを差し引くときかもしれない。

# 3

# 助けを得る
## ——そう、あなたには助けが必要だ

Getting Help: Yes, You Need It

ＨＳＰは最高の状態でいるために、過剰な刺激を避け、対処し、回復しなければならない。ＨＳの親には（いくつかの例外をのぞいて）助けが必要だ。家のことや内外での子供の世話で、すでに必要な助けを得ている人は、この章を飛ばしてもらってかまわない。ただし、助けなしで育児をしている親がいるのに、それができない自分に罪悪感を覚えたり、助けを得るために家族のお金を浪費していると感じたりしているようなら、このまま読み進めてほしい。

子供がある程度大きくなっている場合、最初に頼るべきは外部の託児所である。その条件や値段、利用できる年齢などは住んでいる国によって異なり、たとえばサウジアラビアでは、生後九カ月から子供を預かってくれる。アメリカやカナダ（ケベック州はのぞく）やイギリスでは、託児所の利用料金を支払う親の裁量に任せている。また、イタリアなどの国では、若い親たちは、自分の親などの家族に助けてもらうことが多い。本章の内容は、自分の状況に合わせて調整してほしい。

託児所をどの程度利用するにしろ、家でも手伝いを（赤ん坊のころだけでなく、それ以降も）雇うべきかどうかという問題もある。

あなたに助けが必要なのは、ＨＳの親が「高度なメンテナンス」をしているから、というだけではない。ＨＳの親はその卓越した「親になる能力」を満たすために、人よりも満たすべきニーズが多いのだ。

## 罪悪感や人と比べてしまうことに対処する

一日中ひとりで赤ん坊や幼児の面倒を見ながら、家事も楽しそうにこなしている親に出会うことがあるかもしれない。もしくは子供たちを託児所や学校に預けて日中働き、帰宅してから育児や家事をこなしても、まったく問題がなさそうな人もいる。しかも、彼らは生き生きとしている。もちろんパートナーの助けはあるかもしれないが、それはあなたも同じだ。さらに彼らは、両目で子供を監視しながら休息したいなと思っているあなたをよそに、自宅で仕事をしながら、片目だけで子供の状況を把握しているかもしれない。仕事に全力を傾けながら、完璧に親の役割を果たしているように見える人もいる。それは、世間一般の八割にあたる人たちだ。

だが、あなたはそうではない。パートナーやほかの親にそれを説明するのはむずかしいし、とくに週の大半を子供たちが託児所で過ごしているにもかかわらず、さらに自宅でも週四〇時間の助けを必要とするならなおさらだ。それでも買い物や食事の用意など、家事や雑事は山ほどあって、そのうえあなたには休息も必要だ。おそらくこうしたことを説明するのは、自分に対して自分のニーズを説明するのと同じくらいむずかしい。それは、はたから見ればあまりにも自分勝手で贅沢なことに思えるし、国の支援や安価な託児所がなければ、とくにそう感じるだろう。だが他人にそれを納得させる前に、まずは自分で自分のニーズを信じてほしい。そのために、こういう見方をしてみてはどうだろう。これは子供の人生を正しくはじめるために、もっとも重要なことである、と。ある親の話だ。

この状況について簡単に言えば、いろいろ大変すぎる、ということかもしれない。

彼女の話を簡単に要約する。

自分がおかしくなっていると感じたフランは、助けが必要だと思った。彼女はハウスキーパーを雇い、掃除、洗濯、夕飯作りをお願いし、子供が学校にいるあいだ、自分は身体を休ませるつもりだった。しかしこの話を非ＨＳＰの友人にすると、とても驚かれた。三人や四人の子供を持つ主婦でも、家事は全部自分でやるというのだ。それを知ったフランは孤独と罪悪感に苛まれ、友人から批判されているように感じた。HSの夫が、これは重要で必要なことなのだと彼女を説得するのに、かなりの努力を要した。

助けが必要だと感じたら、あなたには実際に助けが必要なのだ。助けを求めたからといってあなたの能力が低いということにはならないし、悪い親だということにもならない。

## 幼い子供とふたりきりで一日中過ごすことの問題

乳幼児と一日中家にいて、生き生きと成長できる親は非常にまれである。たしかに、そういう才能を持って生まれた人もいるが、そういう人はそれを仕事にすることが多い。彼らの存在は本当にありがたい。しかし自分を彼ら、あるいは「スーパーママ」や「スーパーパパ」でありたいと思っている人たちと比べてはいけない。

HSであってもなくても、社会的に孤立するのはよくない。小さな子供といることは完全な孤独ではないものの、（たとえ子供の成長にとって大きな意味があっても）やはり社会的接触はかぎられてくる。人間は、大半の動物より情報を深く処理するようにできているが、なかでもHSPはその能力に長けている。HSPは処理するものが多すぎると圧倒されてしまう一方で、少なすぎてこのスキルを使えないのも物足りない。

実際、私たち人間をはじめとする社会的動物は、ひとりきりで閉じこめられたら心を病むし、だからこそ独房監禁は一種の拷問とみなされている。他者との接触は（その他の刺激も）ある種の食料であり、人には毎日の食事が欠かせない。一日何も食べないことや、おかしで済ますこともあるとはいえ、ほとんどの場合、私たちには定期的な食事が必要だ。内向的であれば親しい誰かと、外向的であればいろんな仲間と楽しく食事をしたいと思うだろう。

小さな子供と接するのは、社会的な食事制限と言えるかもしれない。子供たちはすぐに慣れ、限られた食事も楽しめるかもしれないが、親のほうはそうそう長くは楽しめない。また、私たちは小さな子供にも新たな「社会的」食事、つまり、子供たちの準備が整いしだい、家族以外の誰かと過ごさせる必要があることを知っている。

## 助けなしで育児をするのは普通じゃない

ご存知かもしれないが、二〇世紀半ばまで、特定の産業社会以外では、親が単独で子供を育てることは一般的ではなかった。それ以前は、子供は複数の大人――共働きの夫婦、祖父母、近所の母親たち、年長の子供――が面倒を見たり、小さなコミュニティの親なら、自分の子供だけでなく、外で遊んでいる子供たち全員に目を配ったりしていた。

古い習慣を脱した私たちは、家にいる親が留守を預かりながら、すべてをひとりでこなさなければならなくなった。時間を短縮できる道具を使っても、やることリストが減ることはなく、ますます複雑になっていく。その結果、子供の昼寝中にもパソコンで必要なものを注文したりして、熱心に家事をこなすことになる。子供が起きて走り回っていても、それを見ながら修理屋と話をしなければならない。こうしたマルチタスクは、とくにＨＳＰにとっては厳しい。方々から助けを得ることができる知り合いの家族は、幼い子供とふたりきりで家に取り残されることは決してないという。彼らに言わせれば「ふたりの大人がそこにいないことが間違っているのであって、つねに気にかける必要がある幼い子供をひとりで見るなんて無理」なのだ。

私の話だ。

私が幸運だったのは、息子が小さいころ夫のアートはたいてい家にいて、私と一緒に育児をしてくれたことだ。しかし夫の研究のため、しばらくカナダのバンクーバーで友人と一緒に暮らしていた時期は、みんな一日中外で仕事をしていた。わが家には車もなく、バンクーバーの冬は暗くて退屈だった。当時、自分がＨＳＰだとは知らなかった私は、それでも一日中一歳半の子供と家にいたら、頭がおかしくなるだろうことはわかっていた。息子は歩きはじめていたがまだ抱いてやらねばならないことが多く、私の動きは認識していてもしゃべることはできなかった。息子が眠るまでは眠れず、しかも息子の昼寝時間はだんだん短くなっていく。切実に、ひとりの時間がほしかった。

同情してくれた夫が、ささやかだが天才的なアイデアを思いついた。いまでも恥ずかしくて笑ってしまう。おもちゃをすべてキッチンに持ちこみ、息子が見てないあいだ、冷蔵庫の上にのぼるのだ。息子は、たいてい一時間以上おもちゃで楽しく遊んでくれた。私は冷蔵庫のてっぺんで日記をつけながら、自分だけの世界をしばし堪能した。やがて息子が退屈してぐずりだすと、私はすぐさま冷蔵庫からおりた。それほど頻繁に冷蔵庫の上にのぼっていたわけではないので、息子は私がどこにいたのか知らなかったと思う。もちろんそれで孤独という大問題が解決されたわけではない。家に誰かが帰ってくると、どれほどうれしかったことか！

一時的に家にひとりでいなければならないときは、日中家にいない人たちと、うまくコミュニケーションを取ることが大切だ。外から戻った親は、食事や寝かしつけを手伝うだけでなく、家に残されたほうの親に付き添ってあげてほしい。

もう一度言うが、子供とふたりきりで家にいることにどれだけ耐えられるかは、あなたの性格や子供の気質や年齢によって異なってくる。なかには問題のない人もいるかもしれないが、大半の人はそうではないだろう。しかし、自分を責めてはいけない。あなたにとって適切な状況で発揮される能力を思い出してほしい。あなたの置かれている状況や、性格や、才能がどういうものであれ、それらはすべてあなただけの特別なものなのだ。

解決策のひとつは、それが子供にとって最善だと思えば、たとえあなたが職場復帰していなくても、子供を託児所に預けることだ。しかしＨＳの親のなかには、託児所に預けるには早すぎるとか、預ける時間が長すぎると感じて、罪悪感を覚える人もいる。もちろん、あなたやお子さんにとってベストだと思う行動を取るべきだが、覚えておいてほしいのは、子供は託児所で過ごしたほうがいい場合もあるということだ。そこで子供たちは仲間と楽しく過ごしながら、じょじょに幼稚園へ通う準備を整えていく。たいていの子供は親と離れるのを嫌がるものの、最終的には託児所で楽しく過ごすようになる。

とはいえ託児所も完璧なわけではない。（選択肢があれば）自分に合った適切な預け先を選ぶこと。あなたの子供に特別な気質があるなら、個々の違いに対処してくれる施設もあるし、そうでない施設もある。後者を選んでしまうと、うまく溶けこめない子供を見て、自分の育て方がおかしいのではないかと感じてしまう可能性がある。それでも、自分のための時間を確保するのは重要なので、託児所の職員とはいい関係を築いてほしい（本章の最後でもう一度、託児所や保育園の選び方に触れる）。またあなたが働いていなくて、なおかつ日中の大半、子供を託児所に預けていたとしても、やはり掃除や洗濯など、誰かに家のことを手伝ってもらう必要があるかもしれない。

## 家のことを手伝ってもらう

まずは一般的な話からはじめて、つぎに子供の年齢に応じた選択肢を見ていこう。手伝いを雇う話だけでなく、経済的余裕がなくても助けを得られる方法も述べていく。

### 一般的な提案

まず、家事を手伝ってもらうことのデメリットを受け入れよう。おそらくHSの親にとって、他人に自分の家のことや子供のことを任せるのはむずかしいだろう。それには適切な人選が必要だし、それにともなう決断と不確実性、そしてうまくいかなければ首にしなければならず、相手を動揺させるかもしれないという恐怖が付随する。また、その人物はあなたの家にいることになり、ともすれば居心地の悪さをもたらす可能性がある。さらにあなたも家にいるなら、彼らとうまくやっていかなければならない。

それでも、あなたには助けがいる。誰をいつ雇うかの決断には時間がかかるし、決断の正しさが証明されるまでは、曖昧な状態を許容するすべを身につける必要があるだろう。相手との関係を決定づける前に、試用期間などを設けてようすを見るようにするといい。

とくに最初の時期は、雇い人と「友達」になってはいけない。「フレンドリーだが友達ではない」関係なら、何か不満があったり、解雇したいと思ったりしたときに、多少はそれを切りだしやすくなる。何よりも、彼らの私生活にかかわらないことだ。彼らの話に軽く耳を傾けるのはいいが、そのあいだも身ぶりで「自分にはやることがある」というようすを示してほしい。あなたは彼らの相談に乗るためにその場にいるのではないことを明確にし、あまり積極的に答えたり、何かをあげたりしないこと。寛大さを示すのは、休暇の贈り物や、残業に対するボーナスを渡すときでいい。

あなたに経済的な余裕があり、なおかつその人物のことが好きなら、ぜひとも報酬は弾んでほしい。現在の相場を尋ね、できることならそれより少し多めに支払う。彼らに感謝の意を示し、いい人材を確保するのだ。また、公平でわかりやすいルールを示しておくことも大切だ。手伝いを頼むのは子供が一定の年齢に達するまでと決めているなら、それを伝えておくこと。契約期間が終わる際には、仕事探しを手伝い、推薦状でも大いに褒めておくと伝えること。フレンドではなく、フレンドリーな距離感で。

## 外で働く親の場合

本章の大半は、子供たちと家で過ごす親にとって役立つ情報を記したものだが、ではフルタイムで働きたい、もしくは働かざるを得ない人たちはどうすればいいだろう？　家で子守りを頼むにしても、託児所に預けるにしても、自分が働いているあいだは誰かに子供を見てもらわなければならないし、託児所に預けたとしても、家のことをやってくれる人がいなければ、休む間もなく仕事から育児へとなだれこみ、家事全般をこなすはめになる。たとえ収入が減ることになっても、ＨＳの親は、誰かを雇ったほうがいい。洗濯も食事の準備も済み、きれいに片づいた家に帰るところを想像してみてほしい。家に帰ったら、あなたはほっとひといきつきたいはずだ。ひといきついたら子供たちと過ごし、（いるなら）パートナーと過ごしてほしい。あなたには日中の助けに加えて、夜や週末に一緒に過ごしてくれる相手も必要だ。

ちなみにパートタイムであっても、働いていると、子供と家で過ごしていないことがつらくて罪悪感を抱くかもしれない。だが、家で過ごすことが理想的だとはかぎらないし、家から離れたほうがいい場合もある。実際、離れている時間があるほうが、その分子供たちと楽しい時間を過ごせるように思う。

共働きの場合、ふたりそろってストレスの多い仕事、長時間の通勤、長時間労働をしていないかを確認してほしい。そして必要なら、転職、あるいは勤務時間を減らすことで生活水準の見直しを図るといいだろう。肝心なのは、それでも家事を誰かに手伝ってもらう必要があるということだ。

### 誰かを雇う余裕がない場合

誰かを雇う経済的余裕がなく、ほかに助けてくれる人がいなくても、絶望してはいけない。こういうときこそ、創造性の出番である。

まず、祖父母、おば、おじはどうだろう？　とくに子供のいない親戚（おじやおばや兄弟、姉妹）なら、血縁関係のある子供の面倒を見てくれるかもしれない（親戚が育児の大半をおこなって、親が食料などを獲りに行くというのは、社会的動物のあいだでは一般的なことで、まさにあなたにとって必要なことだ）。彼らはあなたに頼まれるのを待っているかもしれない。もちろん彼らが親でない場合、こうした関係性は非常にデリケートなものになり得るので、そのあたりの見極めは慎重におこなってほしい。世話役には、人の意見をきちんと聞いてくれる人物が好ましい。

子育て経験のある親戚に意見を聞いてもらうのは、さらにむずかしいかもしれない。どの世代にもそれぞれ違った子育て法というのがある。私は初孫を迎えるにあたって、ハーヴェイ・カープ博士の『赤ちゃんがピタリと泣きやむ魔法のスイッチ』（講談社、二〇〇三）というDVDを食い入るように観た。そこには泣いている子供をなだめるための、私の知らない方法がたくさん紹介されていた。息子からは半分冗談めかして「そのビデオを観るまでは孫を抱かせない」と言われていたのだが、なるほど、納得だった。

あなたに学ぶ意欲のある両親や親戚がいることを願う。ただし、彼らの助けに感謝しているからといって、やみくもに相手の意見を受け入れてはいけない。

息子が赤ん坊のころ、両親が別の州から引っ越してきて妻を助けてくれたことに、グレッグはとても感謝したという。しかし両親がきたことで、ある問題も生じた。ふたりとも喫煙者だったのだ。母親に、タバコを吸うなら家の外で吸ってほしいと言っても、なかなか聞いてもらえなかった。グレッグが子供のときもそばでタバコを吸っていたが、問題なく育っただろうと言うのだ。グレッグは、自分が子供のときにはまだあまり知られていなかった、受動喫煙に関する研究を母親に見せた。その後母親がどうしたか、グレッグは言わなかった。

ローリーも似たような経験を語っている。

母が、私の息子の面倒を見るためにふたつめの仕事を辞めると言ってくれたが、母はタバコを吸う人だった。散々話し合ったのち、私は息子のために喫煙者の祖母を選んだ。タバコは外で吸うから大丈夫だと言っていた母だったが、やがて家のなかで吸っているところを見つかるとこう言った。「大丈夫。煙は窓から外に出しているから問題ない」。ようす伺いに電話をするたび、母親は邪魔くさそうにした。「私があんたたちを無事に育てられなかったと思う？　大丈夫だってば！」

およそ八年後に娘ができると、まったく様相は異なった。私の父親は再婚し、義理の母親となった女性はとても子供好きだったのだ。義母は赤ん坊の面倒を見ると申し出てくれた。実母より義母を選んだことに若干の罪悪感はあったものの、その選択は大正解だった。

つぎに、誰かを雇う以外選択肢がないのに、経済的余裕もないと思っている人は、もう一度よく考えてみてほしい。週に数時間託児所に預けたり、家事をしたりしてもらうだけでも、いい親でいるために必要なダウンタイムを確保できるのではないだろうか。

また、地域の子育て支援などを検討してもいい。その場所に行ったり、ほかの親たちと会ったりするだけでも（ひょっとしたら託児所もあるかもしれない）大きな助けになるし、同じ苦境で助けを見つけた者どうし、つながりが生まれる可能性もある。物怖じしている場合ではないのだ！

多くの国では、二四時間利用可能な「ヘルプライン」がある。とくに打ちひしがれたようすなら（たいていそうなると思うが）必要な支援を探す手助けをしてくれるだろう。一日中ひとりでいることや、仕事後に子供と一緒に過ごすことに大きな問題を抱えているなら、躊躇せずにそれを伝えてほしい。政府や非営利団体を通じて援助を受けられる可能性もある。

ネット上にも数多くのアイデアが存在する。ウェブサイト「節約ママ frugal-mama.com」などでも見つかるだろうし、自分の住んでいる地域の母親や父親のグループが、オンラインで情報を紹介してくれている場合もある。

## 家から出るためだけに働く

人を雇う余裕がなく、子供と家にいる状況がつらいなら、パートタイムでもフルタイムでも、とにかく仕事をしてみるといい。そうすれば人を雇うことも、託児所の利用料も支払うことができるだろう。こうした状況にいるHSの親の多くは、稼ぎがすべて託児所や家事代行の費用に消えてもかまわないと言っている。彼らが働く理由は、混沌から離れ、育児に関係ないところで大人どうしの交流を持つ機会を得て（どちらもHSPにとっては非常に重要）、親という肩書以外のアイデンティティを持つためだ。この意見に同意するなら、あなたにとって、働くことはいい選択肢かもしれない。そしてあなたが気分よく過ごせるなら、子供にとってもそのほうがいいかもしれない。

当然、仕事で疲労困憊していては何の意味もない。仕事を選ぶ際は、大きなプレッシャーがかかる、重労働、長時間労働、環境が悪いなどの職場は避けるよう注意してほしい。電話やオンライン通話などで他者との交流があるなら、在宅ワークもいい選択だ。ただし子供が家にいる場合は、仕事に集中できるよう、そして休息時間を確保できるよう、助けが必要になるだろう。仕事中、子供のために休息を取るなら、その時間は仕事を忘れ、育児に全精力を傾けること。また、インターネットで見かける在宅勤務詐欺にはくれぐれも注意してほしい。できれば、友人や以前の職場を通じて仕事を見つけられるといいだろう。

## あなたに助けが必要な理由と、その他のニーズ

1章で、ＨＳの親は平均的に専制型、または迎合型の子育てをする傾向があるという調査結果について述べた。この結果は、彼らが頻繁に直面する過剰な刺激や感情に対処するためだと考えられている。だが私からすればこの結果は、ＨＳの親が助けを得るのは本当に重要で、もっと言えば「助けがなければ、子供に害をおよぼす可能性がある」ということを示しているのではないかと思う。

お金を払って助けを得ることを渋る親に向かって、以前、冗談交じりにこう言ったことがある。「ほら、息子さんの大学進学のための貯金をくずしてください。彼が大学に行くか、何かで成功するかは、あなたたちがいま彼をどう育てるかにかかっているのです」。こうも言った気がする。「息子さんのあなた譲りの敏感さを思えば、これは本当に重要なことです」。さらに「息子さんをどう育てるかは、あなたがどれだけ休息を取るかにかかっているし、つまりは、あなたがどれだけ助けてもらうかにかかっているのです。お金を使ってください」。

いまなら、さらにこう付け加えたい。「あなたの持つ敏感性のいい面を考えれば、息子さんはきっと素晴らしい青年になるでしょう。そしてあなたのためにも――息子さんの卒業式で正気を保っていられるよう、お金を使ってください」。

多くの人は十分な助けがないまま、さまざまなことに圧倒され、そのせいで厳しい子育てを

したり、あるいは受け身の子育てをしたりしているのではないかと思う。そうするのはきっと「われを忘れない」ためで、あなたにもそういう経験があるはずだ。だが子供の前で、育児がうまくいっていないと感じたり、かっとなったり、しょっちゅう打ちのめされたりするなら、あなたには別の種類の助けが必要だ。不安に飲みこまれる前に、状況をうまくコントロールするためのヒントを伝えたい。

シンプルに、まずは立ち止まってみてほしい。そして何か楽しいことを考え、今後自分はどうしたいか、それを実現するためにはどうすべきかを考えてみてほしい。その「楽しい考え」をくれぐれも忘れないように。

常日頃から練習していれば、上手に立ち止まれるようになる。練習するのは、圧倒されていないときでもいい。立ち止まっているあいだに「われを失いかけている」自分に気づき、状況を変えることで回避できるだろう。あなたに必要なのはおそらくほんの少しのセルフケアで、その効果は子供にも伝わるはずだ。わかっている。言うのは簡単だが、実践するのはむずかしい。

癇癪《かんしゃく》を起こしたり、たびたび反抗的な態度を取ったり、言うことを聞かなかったり、嘘をついたり、ぐずってばかりいたり、理不尽な要求をしたり――あなたの気持ちをかき乱すようなこうした行動にはどう対処すればいいだろう？　多くの専門家が本やブログやネットの講座でその対処法を語っている。本当にたくさんありすぎて、どれかひとつをお勧めすることはできないが、こうした専門家のいい意見を参考にしてほしい。彼らの経歴をチェックし、書いたものを読み、話を聞いてほしい。あなたの直感が、助けになりそうなものを教えてくれるだろう。

また専門家の多くは、対面や電話で一対一の相談にも乗っている。私のウェブサイトに、専門家のリストや、HSの親のためのリソースが掲載されているので、よければ参照してほしい（たとえばアリス・シャノンのブログ「オン・リスニング・トゥ・テンペラメント On Listening to Temperament」には、HSの親の育児に関する記事がいくつか掲載されている）。まずは「子育てコンサルタント」との関係性を深め、あなたやあなたの子供のことをよく知ってもらうといいだろう。そうすれば何か問題が生じたり、確認したいことがあったり、子供が新たな発達段階に達したりしたときには、すぐにアドバイスを受けられるだろう。

子供がHSかどうかを知るだけでなく、メアリー・シーディ著『言うことを聞かないのはどうしてなの？　スピリッツ・チャイルドの育て方』（サンマーク出版、二〇〇二）のような、この主題に関する専門書で語られている九つの気質についても学んでほしい。彼らによると、子供のなかにはとくに気むずかしい子がいるという（ただしシーディは自著のなかで、この気質を正しく、前向きな言葉で表現している）。もしあなたの子供がそうした気質を持っていれば、「われを失う」ことについての罪悪感は薄まるかもしれない。とはいえ、あなたには大きな仕事が待っている。そういう子供には、ひときわ優秀な親が必要なのだ。だが子供の基本的な気質（非常に活発、順応が遅い、気が散りやすい、感情的など）を知っていれば、比較的簡単に難所を避けられるようになる。

ポイントは、あなたがこれまで思いつかなかったような方法があるということだ。私が育児をしていたころはまだそういう専門家はおらず、もしいてくれたら、大いに助けになっただろう。前述した「楽しいことを考える」練習をこれからする、という人も大丈夫。「ああ、自分はあれもこれも間違えてしまった」などとは考えないでほしい。新たなスキルを学び実践すれば、自分の望む育児ができるようになるだろう。はじめてこのスキルを学ぶという人は、慣れるまでに少し時間がかかるかもしれない。失敗しても気にしなくていい。そのうちうまくできるようになって、心が乱れることも少なくなっていく。

## 子供の発達段階ごとに必要な助け

育児には、段階ごとにそれぞれのニーズがある。

### 乳児の場合

赤ん坊を授かったばかりの母親には（そして父親にも）、助けがいるということは、誰もが承知している。これははるか昔からの伝統だ。しかし家族の助けが期待できない、またはパートナーが育児休暇を取れない場合は別の助けが必要になる。重要なのは、事前に人を雇い、すぐに対応してもらえる状態にしておくことだ。ＨＳの親であるあなたは、赤ん坊の面倒を見ながら、雇い人を探すという負担は避けたいだろう。

これを読んでいる時点で、大半の人がすでに出産を経験済みだと思うので、ドゥーラ（産前産後ケアの専門家）、助産師、看護師など、専門家ごとの利点を比較することはしない。多くの専門家は、それぞれの専門組織によって認定されている。地域によってさまざまな形の援助があるかもしれないが、優秀な人たちが必ずしも認定を受けているとはかぎらない。経験豊富な子守りが適任かもしれないし、子守りなら賃金もそれほど高額にはならず、長く勤めてくれる可能性がある。彼らを雇った経験のある人にその働きぶりを聞くといいだろう。知り合いの親からの推薦であれば言うことはない。

あなたが新米の親なら、子育て経験のある人や、育児関係の訓練を受けてきた人を雇うのはたしかに役に立つ。しかし、たとえあなたの育児経験が浅くとも、彼らに引け目を感じてほしくはない。子育ての経験が浅くとも、あなたは雇い主なのだ。育児に関する新たな情報を仕入れたら、たとえ経験豊富な子守りたちが知らないことでも、相手はあなたにしたがう義務がある。ＨＳの親は、直感力があったり、ほかの人が知らないものについて調べあげたりすることが多く、とくにわが子に関することなら、たいていあなたが正しいだろう。

実際、どんな方法で家を切り盛りしようと、そこはあなたの家なのだ。提案してもらえるのはありがたいが、それが自分に合わなければ、相手にこう伝えればいい。「いい考えだけど、私にはちょっと合わないかも」。思い出してほしい。あなたにその理由を説明する必要はない。

### 幼児の場合

幼児も、乳児とはまた別の意味でむずかしい。いい点を言えば、幼児とは比較的頻繁に外出できるし、ほかの親に会う機会も増える。子供がこのくらいの年齢になると、仕事に復帰する人もいる。だが家事をしているときも、休息を取っているときも、子供から目を離せなくなるので、家のことを手伝ってくれる人はますます必要になる。

ひといちばい活発だったり、気むずかしかったりする幼児は、日中の託児所とは別に、自宅でも面倒を見てもらう必要があるかもしれない。重要なのは、この年齢の子供の発達段階を理解している人を雇うことだ。経験が浅いと、ぐずった幼児を見て、幼児が自分を操ろうとしている、あるいは自分のことを好きじゃないなど、うがった見方をする可能性がある。

もう一度確認するが、あなたには助けを頼む余裕が本当にないだろうか？　ちょっと工夫してみてほしい。家にいる親や、パートタイムで働いている親どうしであれば、互いに子供を預けてもいい。一方が自分の子供と相手の子供の面倒を見ているあいだ、もう一方の親は休憩したり仕事を進めたりする。それを交代でおこなうのだ。

ただし、ＨＳＰとして頭に入れておいてほしいことがいくつかある。まず交代で面倒見る場合、たとえ世話をする子供がふたりだけだったとしても、あなたにとっては刺激が強すぎる可能性がある。なので、試用期間などを設けてしばらくようすを見るといい。

つぎに、家族の輪にたとえひとりでも別の子供が入りこむと、家族全体に悪循環が起こり、そのせいであなたの仕事が増え、疲れても休憩が取れなくなる場合がある。

また、通常は友人や近所の人の話を参考に決めるものだが、例えばテレビを観る時間など、潜在的な対立が起こる可能性がある。

あるいは信頼できる親どうしで、それぞれの都合に合わせた「子守り組合」のようなものをつくってもいいかもしれない。たとえば子守りを引き受けたらポイントを獲得し、そのポイントを使って今度は自分の子供の面倒を見てもらうのだ。

ただし自分が子守りをする番が回ってきたら、ちゃんと子供たちの面倒を見ること。きちんと子守りができるかどうかは、子供たちがいかに「楽な」気質を持っているか、子供たちの年齢やその年齢層、その家にあるリソースなどにもよるだろう。

もうひとつの方法は、「子守りの共有」である。これについてはインターネットに情報がある。複数の家族で共有すれば、より優秀な人物を雇うことができるだろう。ここでの欠点は、複数の親に加えて子守りがかかわると、子守りとそりの合わない親も出てくるかもしれず、そうすると、あなたがあいだに立ってとりなす必要が生じる可能性があるということだ。あるいは交代で面倒を見てもらううちに、どの食べ物をどのくらい食べさせるべきかなど、家庭によって子供の扱いに対する意見の相違が生まれるかもしれない（子守りが子供ごとに違う食べ物を与えるというのは好ましくない）。子守りにどの程度家事をこなしてもらうべきかも、ほかの家族と一緒に決めなければいけない。その際覚えておいてほしいのは、複数の幼い子供の面倒を見なければならない場合、子守りが家事をこなせる量は少なくなるということだ。

## 託児所や保育園の選び方

ある時期になったら、家でのサポートを減らし、もっと外部のサポートを利用できるようになる。ずっと家で子供の面倒を見ていると、自分の子供もそろそろ保育園（または学習カリキュラムがあるチャイルドケア）に通わせたい、と思うようになるだろう。しかしそこには大勢の子供、複雑な仕組み、多くの刺激があるため、慣れるまでの時間が必要だ。最初のうちは、（子供を預けることで生まれる）休息時間も、子供たちのようすが気になってそればかり考えてしまうかもしれない。

また、子守りなどを選ぶときと同じく、適切な保育園を選ぶのも難題だ（選択肢がある場合、家から近い、というのがもっとも重要かもしれない）。これはさまざまな条件によると思うが、あなたにとっての問題はおそらく、考えることが多すぎる、ということに尽きるだろう。かりに間違った選択をしてしまったら、子供を転園させられるよう準備しておかなければならないが、その場合も、自分をあまり責めてはいけない（次章では、ＨＳの親がこうした選択に苦労する理由について説明する）。

早めに準備に取りかかり、できるだけ多くの選択肢を確保しておくといい。そしてほかの親の意見を参考にしながら、それぞれの預け先を徹底的にリサーチすること。

- 同じ決定をくだした親に尋ねてみる。インターネットで掲示板をのぞく、またはフェイスブックで自分の地域の母親グループをチェックし、託児所や保育園の情報を集める。あなたの価値観とは異なるかもしれないが、つぎに紹介する親のように、徹底的なリサーチをしている人がいるかもしれない。

各学校に関する詳細な表を作成した隣人は、私たちの子供が通う保育園は気に入らないという。理由は、裏庭で放し飼いにしているウサギのふんがきちんと片づけられていないから。私がその保育園を選んだのは、もちろん子供の安全が第一だったが、それよりも自分の印象や、その場所に対する感覚がよかったからだ。

決断をするにあたっては、表を作って細かい記録をつけたい人もいれば、自分の勘を信じたい人もいる。

- 小規模で、子供と大人の割合がちょうどいい託児所や保育園を検討する。
- かかわりを持ちそうな親の人数を見極める。あなたの外向性、あるいは内向性の程度によって、大勢とかかわりたい人もいれば、あまりかかわりたくない人もいるだろう。その施設が自分の気質に合っているかどうかを確認すること。とくにふたり以上子供がいる場合は、出席しなければいけない行事や、応対しなければいけない人数は少ないほうがいい。

• 施設のスタッフや保育士の経歴や経験を調べる。これをしておけば、のちに失望したり、転園したりするのを防げるかもしれない。しかし経歴がどうあれ、そこで働く人たちは温かく、思いやりがあって、何より子供に興味がある人でなければならない。

• 送迎の距離を考慮に入れる。歩いて行ける距離なら助かるだろう。ある親は、家から学校までの距離が近いと送迎が楽なことに気がついた。

ひといちばい敏感な子（Highly Sensitive Child：以下ＨＳＣ）は、車で託児所に行くだけでも疲れてしまうので、私たちは家からなるべく近い託児所を探した。そこは歩いて行ける距離で、ＨＳＣは外気に触れると落ち着く。歩きでの移動は非常に快適だった。車で送り迎えしていたころは、毎回大変だったのだ。

• あなたの子供がＨＳでなくても、叫びながら走り回る子供がいるような託児所には注意してほしい。子供どうしのけんかに対処できる人員は足りているか？　屋外に子供が遊べるような場所があるか？　子供は家に帰ってからもそうした環境に影響を受ける。あなたとしては、できるだけ静かに過ごすような（自分のニーズに合った）落ち着いた子供に育ってほしいと願っているはずだ。

- あなたの子供の気質に合った場所を選ぶ。子供が人より敏感だったり、活発だったり、順応が遅かったり、「大げさ」だったりしたら、スタッフがそうした違いを理解しているか否かを確認すること。「ハイリー・センシティブ」についてはあまり知られていないので、この言葉を使う必要はないが、ＤＯＥＳのそれぞれの側面を例に挙げて、子供の物事に対する反応を伝えられるといいだろう。研究によると、敏感な子供はほかの子供よりも保育所の環境に影響を受けやすい。いい環境ならのびのび育つし、悪い環境ならつらい思いをする。だから、これは重要な決断である。が、あなたがそこまでひどい場所を選ぶことはないだろう。

息子の気質を考慮して保育所を選んだ、あるＨＳの母親の話だ。

ＨＳという存在は、スウェーデンではあまり知られておらず、注意欠陥・多動性障害だと誤診されることが多いが、それはあってはならないことだと思う。私は保育所のスタッフに、ＨＳＣがどういうものかを説明した。その際、敏感でないシカと敏感なシカの（敏感でないシカは嬉々として草地を走り回り、敏感なシカは安全が確認できるまで待つという）例を挙げて説明すると、スタッフは息子について理解を深めてくれたようだった。また、それが内向的かどうかの問題でないこともはっきりと伝えた。そして私自身感情の波が激しく、すぐに物事に圧倒されるという話もした。もしそのスタッフが重要なポイントを理解していないようだったら、そこには通わせなかっただろう。

## 学齢期の場合

この年齢になると、子供が学校にいる時間が長くなるため、あなたが必要とする支援は主に、子供の送迎など家の外でのことになるだろう。あなたが働いていたり、復職を考えていたりするなら、仕事後に迎えに行くまで面倒を見てくれる場所も必要だ。また、学校までの距離や交通状況も考慮に入れる必要がある。あなたは自分で考えているよりも頻繁にそこへ行くことになるはずだ。おそらく一番近いのは、公立学校だろう。

私立か公立か、あるいはホームスクールかで悩む人もいるだろう。そう、まだまだ決めることは多い。とくにホームスクールは魅力的に思えるかもしれないが、この場合、引きつづき家でのサポートをお願いしなければならない。しかし、HSの親としてあなたの子供が（その子はHSCではないかもしれない）、あなたがその年齢のときに必要だったけれども得られなかった保護や監視を、本当に必要としているかどうかをよく考えてみてほしい。あなたの決断に影響を及ぼしているものに注意してほしいのだ。タフな子供であれば、それなりの学校でもうまくやれるし、あなたが働いている場合は、放課後、長時間どこかに預けられても平気だろう。

この年齢の子供に対して、あなたがどれだけ助けを求めるべきかについては、子供が放課後や週末にどれだけ多くの行事に参加するかにもよる。これにはほかの親との交流など、かなりの消耗と刺激が含まれる。平日働いているなら、サッカーの試合のような行事は、あなたの貴重な休息時間である週末の大半を奪うだろう。だから必要な助けを選ぶ際には、習い事に出かける子供たちを送迎し、できることならそばで子供たちを見守って、子供たちの承認欲求を満たしてくれるような、有能な運転手を探すといい。子供があなたに見にきてほしい日と、そうでもない日を見極めること。ただし、あなたがこうした行事を避けるほど、ほかの親との交流が減ることも忘れないでほしい。この交流はあなたにとっても大事なものなので、参加する時間としない時間のバランスを上手に取るようにするといい。たとえば子供の試合の途中でこう断りを入れる。「残りの練習時間のあいだは車に戻っていますね。ちょっと休憩時間が必要なので」。あなたが自分のいるべき場所から離れることが多くても、きっとほかの親たちはわかってくれる。

### 思春期の場合

この時期になったら、家の手伝いをしたり、ひとりで留守番をしたり、友達と外に出かけたりする子供をあなたが遠くから見守る、という状況になっているのが望ましい。そうなれば、あまり人の手を借りなくてもよくなるし、経済的な余裕もできるだろう。この時期あなたにとって必要なのは、子供の送迎をしてくれる人、子供を家で迎えてくれる人、あなたには与えられないものを子供に与えてくれる人である。誰かを雇う際は、一〇代の子供や思春期についてよく理解している人を採用すること。

## まとめ

ＨＳは、子育てのために誰かを雇うことへの罪悪感や経済的な不安に加え、その共感力の高さや良心的な性質にも影響を受けやすい。１章を思い出してほしい。共感すると、あなたの脳の特定の領域は人よりも活性化され、あたかも自分が経験しているような錯覚に陥ることがある。２章を思い出してほしい。ＨＳの親は「自分の子供が大きな成功や挫折を味わうと、まるで自分のことのように感じる」という項目にイエスと答える人が多かった。

共感は育児にとっていいことだが、託児所や保育園、あるいは学校であっても、子供を預けるとなると、その感情は複雑に働く。子供たちが騒いだり不満を口にしたりしたら、あなたはその理由を深く探ることになる。自分が見ていないところで子供が実際に楽しんでいるかどうかを判断するのはむずかしいし、そうでない場合も、その理由を明らかにするのは骨が折れる。子供が託児所や学校に行くのを嫌がったり、あなたと離れたがらなかったりしても、あなたの胸の痛みを子供に投影してはいけない。そのせいであなたの休息時間や、ほかの子供と遊ぶというわが子の健全な経験が奪われてしまうかもしれないのだ。

家で誰かを雇う場合も、高い共感力が問題になることがある。あなたは「他人」と一緒に置き去りにされる子供に同情する。くり返すが、想像のなかであなたがベビーシッターと留守番をさせられている状況と、実際の状況は異なる可能性がある。なかにはベビーシッターと置いて行かれるのを嫌がる子供もいるかもしれないが、一方で、あなたがいないあいだに遊んでくれる新たな仲間を得て喜んでいる子供もいるだろう。ただし、ベビーシッターに対する子供たちの正当な不満には耳を傾け、あるいは無責任だと思われる兆候（あなたが帰宅したときに、要望どおりに室内が片づいていないなど）には目を配ること。

あなたは、雇った相手（食べていくために子供を家に置いて働かざるを得ない人など）にも同情するかもしれないが、まずは、取り越し苦労や余計な心配をせずに、ネガティブな体験を最小限に抑えてほしい。

そして家の内外で助けを得ることについて現実的な視点を持つこと。予想外のことは必ず起こるし、目指すべき親になるには、自分を労わることが不可欠だ。飛行機の機内アナウンスを思い出してほしい――お子さんに手を貸す前に、まずは自分の酸素マスクを装着してください。

# 4

# 処理の深さ
## ――さまざまな決断～体にいいパンを買うことから、人生の目的まで

Depth of Processing: Making Decisions, from Buying The Healthiest Bread to The Purpose of Your Life

あるＨＳの親の話だ。

毎日さまざまな選択をしなければいけないことが本当に苦手だし、どんな決断をするにしても固まってしまう。

ＨＳＰに備わった唯一の問題は、すぐに過剰な刺激を受けることだ。食料品店でたくさんの選択肢や感覚入力がある状況を想像してみてほしい。ＨＳの親には、そこへ自分の子供からの刺激が加わる。さらに物事を深く処理するという生来の利点からも、さまざまな要求がある。

もう一人の親はこう記す。

非HSPの友人や家族に比べると、私の子育てははるかに大変な気がする。全体の経験を内省する時間が、彼らよりもずっとたくさん必要な気がするのだ。

決定をくだすのであれば、私たちは深く考えたいし、それには時間がかかる。一九九三年、ふたりの心理学者、パターソンとニューマンがおこなったいくつかの研究から、失敗した作業に対するふたつの異なる反応が明らかになった。ひとつは、すぐにやり直すというもの。もうひとつは、やり直す前に時間をかけて考えるというものだ。後者を選ぶのは、もちろんHSPだ（ただし一九九三年当時は、この呼び名ではなかった）。

エネルギーを消費することをのぞけば、これはいい戦略だ。二〇一八年に報告された決断に関する研究で、キャスリーン・ヴォースをはじめとする五人の研究者は、被験者に、通路に並んだ商品から好きなものを選ぶ、大学で好きなコースを取る、といった決断をくだしてもらった。対照群のほうは、その選択を評価するだけだ。選択や評価後、被験者はさまざまな作業を与えられたが、積極的な決定をおこなったグループは、どの作業においても悪い結果を残した（「重要な」数学のテストを受ける前もさぼりがちだった）。選択することでエネルギーを使い果たし、簡単な自己制御を含む、その他のタスクができなくなったのだ。

意思決定が容易になることはない。たとえばいま述べたヴォースの研究によると、一九七六年時点で、アメリカの食料品店は九〇〇〇点の商品を提供していたが、この論文が書かれた二〇一四年には、その平均数は四万点になっていた。約五倍に増えている！　間違いなく、育児に関する選択もこれくらいは増えているだろう。選択に関する文献を見直すにあたって、ヴォースらはかなりの数の先行研究について議論した。その際、あるポイントを過ぎると、選択肢が増えるほど選択者の経験全般の幸福度が下がることが明らかになった。これはとくにＨＳの親に当てはまり、私たちの研究によれば、ＨＳＰは「育児に関する決断に嫌気がさす！」傾向がある。

たとえば、おむつはどれを買ったらいいのか。小さな決断だが、間違えれば実際的な影響を受ける。それによってあなたのエネルギーは浪費されるかもしれないし、節約されるかもしれないのだ。家族が口にする食品の選択についても同じだ。些細なことに思えても、毎日少しずつ影響はある。子供はいい友人を選んだだろうか？　親が口を挟むべきだろうか？　学校の選択は？　引っ越したほうがいいだろうか（学校の質は地域によって異なることが多い）。これは本当にむずかしい決断になるだろう。

私たちの処理の深さは、強い情動反応と密接につながっている。何かを気にかけるほど、人はそれについて考えをめぐらす。これこそ、学校でテストがおこなわれる理由である。生徒がいい成績を収めることに関心があると仮定すると、生徒はいい点を取ろう、あるいは悪い点は取りたくないと考え、それが勉強へのモチベーションになるのだ。

ＨＳの親にとって、最大のモチベーションは子供への愛である。どの親もわが子を愛しているが、（過度の刺激を受けていたり、途方にくれたりしていなければ）とくにＨＳの親は愛情が強い。私たちは、特別に重要な授業での最終試験に臨むように、どんなことも慎重に決定したいし、また事実や感情、加えて不確実性やリスクも考慮しなければならない。しかしその場ですべてを処理することはできないため、エネルギーを補充し、くだすべき、あるいはすでにくだした決定を含め、あらゆる経験を消化するためのダウンタイムが必要になる。そして言うまでもなく、親の休息時間はごく短い。

では、意思決定に注がれるエネルギーを減らすことは可能だろうか。つぎに見ていこう。

## 厄介な決断にどう対処するか

幸いにも、無意識にくだされる決断もある。これは1章で述べたように、あなたの直感が過去に収集した情報に基づいておこなっているものだ。それでもときどき、その直感を信じるべきかどうかを決めなければいけないことがある。なかにはつらい決断に思えるものもあるだろう。そこで、いくつか提案したい。

### 決断するためのヒント

- **不確実性に向き合う。**困難な決定にはつねに不確実性がともなうし、そうでなければとっくに決断できているだろう。たしかにＨＳの性質はミスを避けたがるが、かといって重要なポイントがいつも事前にわかるわけではない。受け入れるしかないのだ。

**・間違った際の動揺の程度は？**　その間違いは本当に深刻なものか？　間違いを犯すことについて哲学的に考えられるか？　大局を見て「誰にでも過ちはある」と理解できるか？　一年後、あるいは一〇年後、それはまだ問題になるか？　使っているベビーカーのブランドが子供の大学進学に影響するだろうか？　トイレトレーニングのやり方に多少違いがあったところで、高校生になっておむつを使っている子はいない。かりに選択を間違えたと思っても、のちにそれが正しかったということもある。

**・出口戦略を持つようにする。**　ベビーカーは返品できるか？　ひとりめでうまくいかなかったねんねトレーニングの方法を変えられるか？　母親の自助グループを早々に抜けられるか？　みんなにはどう説明する？　実際に抜けたとして誰が気にするだろう？

**・助言を求めるべき人を慎重に選ぶ。**　敏感な性質を持っていない人や、あなたの決定になんら利害のない人は、全体ではなく一部の些細な決断だけを見て、あるいは自分だったらこうするという立場で意見を主張する場合がある。たとえ説得力があるように思えても、その意見が再考に値する、もしくはしたがうべきだと思ってはいけない。のちのち相手は、あなたがそこまで真剣に考えていたことに驚くかもしれない。一方彼らの意見は、とくにあなたがその人物を尊敬していたら、あるいはその助言にはしたがわないと決めていなければ、心に強く残る可能性がある。また、自分の意見に反対されて腹を立てるような親戚には注意したい。非ＨＳＰのなかには、あなたのことを優柔不断すぎるとか、決断力がないから余裕がなくなるのだといって、何かと自分の考えを押しつけてくる人がいる。「Ｘをして、さっさと終わらせたらいい」と言われても違う。それはあなたのやり方ではない。彼らの助言に感謝しつつ、もう少し自分で考えてみると伝えよう。

**●助言を求めるのに適した人は？**　あなたにはない知識を持っている人――あなたの子供より年長の子供がいて、ベビーカー、学校、歯医者選びをすでに経験済みの人、そして何より、あなたの話にきちんと耳を傾け、あなたの発言をくり返してくれる人がいいだろう。「なるほど。もうひとり子供をつくるかどうかで悩んでいるのですね」。人の話を聞きもせずに、自分の意見（大家族やひとりっ子についての「正しい道徳観」など）を押しつけてくる人には注意が必要だ。

**●インターネットの情報を利用する。**ただし、情報の迷路を抜け出るには直感を、情報を信じるか否かを決めるには敏感な気質を、どこで切りあげるべきかを知るには強化した自己管理能力を役立ててほしい。

**●自分と他者のニーズのバランスを取る。**あなたの決断が自分の子供以外の人にも影響をおよぼす場合、対立が生じることがある。ＨＳの親として自分に本当に必要なものと、子供に絶対必要なものを考えてほしい。できればその理由も説明できるといいが、しかし自分のニーズに固執するのは絶対に必要なことだ。「みんなを喜ばせようとしない」ということを学ぶのは、あなたにとっていいことである。

**・自分のニーズや望みを犠牲にすべきときはいつか。**これは共感性の高い人たちによくあることだが、相手の好きなようにさせておいて、最終的に相手に腹を立てる、という事態に陥らないよう十分に注意してほしい。

**親としてすべき決断のスピードを速め、リラックスする方法**

1. **いま述べた「決断のヒント」を短縮し、あえてざっくり決断する。**すべてをリサーチしたり、全員に尋ねて回ったり、間違った選択をしたときの気持ちを深く考えたりする必要はない。それは些細なことだ。

2. **HSPとしての決断に自信を持つ。**はじめての子育てだと、発達段階ごとに正しい決断をするのがむずかしく思えるし、間違った決断をすることもあるだろう。だが結果を深く処理するあなたは、失敗してもそこから多くを学ぶことができる。

3. **できれば、静かな場所で素早く決断する。**何かを買うか買わないかを決める際、私はよく外に出るか、外にいたら家に戻る。営業マンが「いまだけのチャンスです」と言うのは、あなたにじっくり考えさせたくないからで、じりじりと後ずさるほど、多くの特典がつく可能性がある。それでも、自分にこう言い聞かせてほしい。「この電車を逃してもっぎが必ずやってくる」と。

4．過去に選択した経験を役立てる。すでに情報を持っている、または以前買い物をしたことがあるなら、おのずと決断はくだされるだろう。

5．先ほどの「食料品店の選択」を参考にする。「品数が限定されたスーパーマーケット」を検索し、利用することを考える。目に見えないものを、見逃したと感じることはない！

## HSの親の眠りを妨げる大問題への対処の仕方

1．ここでもやはり自信を持つこと。あなたは決断が「へたくそ」なわけではない。ここでいう「へた」とは、他者の基準で決断のスピードが遅いということだ。だが考えてみてほしい。あなたの決断はたいてい正しいはずだ、少なくとも自身にとっては。たしかに一度間違えると、つぎこそはと思って決断に時間がかかるかもしれない。しかしあなたは、同じ間違いを二度は犯さない。大きな決断に時間をかければ、おのずといい決断になる。

2．できるだけ多くの情報を集める。見つけた情報の質はつねにチェックすること。発言者の意図は何だろう？　たとえば別の町に引っ越すかどうかを決めるのに、商工会議所を見ておくのはいいと思うが、その町の負の側面を見るには適していない。もしかしたら町の平均気温のほうが大事かもしれない。経験者の意見は非常に参考になる一方で、彼らに尋ねる際は、相手の知識、考え方、動機など、多くのことを考慮に入れる必要がある。

3. **リストを作る。**夫と私はかつて、「アメリカ大移動」という大きな決断に直面した。数々の不測の事態や不確定要素が待ち受けていることはわかっていた。さまざまな感情や情報に翻弄されながら、私たちはやがて、情報を忘れたり、何かひとつに偏ったりしないよう、感情、経済面、キャリアへの影響、地域の質、天気、場所の好み、新しい友人をつくることなど、あらゆることをリストアップしていった。これが功を奏し、ほかのことを考える際も感情にふりまわされることはなく、夜もゆっくり眠れた。

4. **きちんとしたリストを作る。**私たちはリストをスプレッドシートで作り直した。こう言うと何やら賢そうに聞こえるが、実際は各項目に対する自分たちの感情を評価し、数字をいじってはその感情の変化を想像するという作業である。どういうことかと言うと、まず、項目ごとに、うまくいったらどれほどいい気分になり、そうでない場合はどれほど落ちこむか、厄介ごとから離れたらどれほどいい気分になるか、手放したくないものをあきらめなければならないときにはどれほど落ちこむかを、一から一〇の数字で測り、つぎに、その確率を予想する（その「文化」を嫌う確率一〇パーセント、その土地を去ることを悲しむ確率九〇パーセントなど）。生活水準、不動産の相対価格、税金の数字を変えて入力することも可能だ。これらをスプレッドシートに入力して列の合計を平均し、自分たちの気持ちや情報によって、重点を置く項目を変えると、新たな合計結果が瞬時に確認できる。この作業を通じて、実際に多くの驚きがあった。最終的に私たちは移動しないことにしたのだが、この決断を後悔したことはない。たとえ決断の末に行動し、それが思いどおりにいかなかったとしても、そのときにそうすべきだった理由がわかっていれば、自分を責める必要はなくなる。

5. **一分、一日、あるいは一週間、決断したふりをする。** どんな気持ちになるだろうか？　決断していないときとは景色が違って見えるし、決断後の自分をはっきりと想像することができるだろう。

6. **時間をかける。** 決断に関する私のもっとも苦い体験は取り返しのつかないものであり、それはプレッシャーのかかる状況でくだされた。数日のうちに人生を変えるような大きな決断をしなければいけない状況は、間違いなくあなたの神経を過度に高ぶらせ、苦しめるだろう。なので、そういう決断をくだす際には、十分な時間を取ってほしい。一日中悩まなくていいように、それについて考える時間を別に取るといい（といっても、結局一日中考えてしまうと思うが）。できれば決断の期限を猶予できるか確認し、もう少し先延ばししても大丈夫か自問する。決められる気がしないと思っても心配しないでい い。そのうち自分のやるべきことがひらめくはずだ。

7. **決断したら、その決断を信じること。** 決断したばかりだと、やっぱりああしたほうがよかったかも、と心が揺れることがあるかもしれない。しかし思い出してほしい。あなたは全力でその決断をくだしたのだ。それに、決断したあとまで、ぐずぐず考えたくはないはずだ。また、決められないからといっていつまでも決定を遅らせていたことを思えば、少なくともひとつ、決断できたのだ。

## リサーチのヒント

グーグル・スカラー（scholar.google.com）は、通常のグーグル検索とは違って、科学的なリサーチに使用され、事実に重きを置く人にとってはすばらしい情報源である。ただし、科学といっても、それぞれの理由によって矛盾が生じたり、微妙に結果が異なったりすることがある。

グーグル・スカラーの記事のなかには、右側のリンクをクリックすると、おおもとの記事へ飛べるようになっているものがある。ただしアクセス先が大学の図書館でなければ、お金を払って全文を読む必要がある。とはいえ、たいてい要約記事だけでも十分役に立つ。

その記事を引用した人をクリックすると、その人物のスレッドをフォローできる。たとえば子供に見せるテレビの時間を決めたければ、テレビが子供に与える影響に関する研究が（たぶん多すぎるほど）存在する。記事が多すぎる場合は、右上をクリックして最近のものを選択するといい。あなたの価値観やニーズもあるので、検索すれば答えが出るわけではないが、情報としては役立つ可能性がある。

ときには、人に情報を集めてもらったほうがいい場合もある。わが子に障害があるかもしれないと疑ったり、健康状態や行動の変化が気になって検索したりする場合、極端なケースや間違った情報で動揺するかもしれないからだ。ちなみにグーグル・スカラーで、気になる症状を専門用語で打ちこんだり、近隣のトップクラスの病院名を打ちこんだりすると（ロサンゼルスに在住で喘息の情報が欲しければ「喘息、カリフォルニア大学ロサンゼルス校」と入力）、最高の専門家を見つけられることがある。記事の執筆者は、その症状の最新情報を追っているうえに、近所なら直接会って彼らから話を聞くこともできる。

## 大きくて、見過ごされがちな決断について

一般的にＨＳの親は、育児に関する価値観や、家での好ましい、あるいは好ましくない習慣について、思いきった決断をする傾向がある。と同時に、自信が持てず、二の足を踏み、自分たちの決断が他人に受け入れられないのではないかと不安になる。とくにこれに関しては、いつまでも迷っていると、いつの間にか決定がくだされ、それが意図的であっても、成り行きであっても、あなたはこれまでと同じことをつづけていくことになる。

いずれにしても、ＨＳの親が自分たちの価値観で生き、他者もその価値を認め、できること

ならそこから恩恵を受けてもらえればと思う。たとえばあなたは、家族にベジタリアンになってほしいと思うかもしれないし、そういう文化のない国に住んでいても娘にはベールをつけてほしいと思うかもしれないし、家計のために流行りの洋服は着ないでほしいと思うかもしれない。では、子供たちが手伝いをする時間は？　お小遣いの金額は？　テレビを見る時間は？　ソーシャルメディアは？　子供に任せるべき選択は？　ドラッグ、セックス、アルコールなどへの対処法は？　むずかしい決断だが、家族への影響も踏まえて、徹底的に考え抜いてほしい。そしてさまざまなことを柔軟に吸収しながら、その時が来たら、勇気を出してあなたの価値観を表明してほしい。

ただし、考慮すべきこともいくつかある。あなたの決断はダウンタイムを、とくに内面の静寂を与えてくれるだろうか？　その決断が他者に与える影響は？　もちろんあなたはこうしたことを考慮に入れているだろう。では、あなたが被る長期的な影響については？　大局を見てほしい。あなたの心はその決断について何と言っているだろう？　心は驚くべき答えを持っていることがよくある。心の奥底にあるスピリチュアル・パス spiritual path の訴えは？　ジョーン・ボリセンコとゴードン・デヴェリン著『ユア・ソウルズ・コンパス Your Soul's Compass』によると、聖職者、ラビ、スーフィー教団の長、キリスト教神秘主義者、賢人、グルに話を聞いた彼らは、霊的な導きは通常、自然で、効率的で、気楽で、平和で、ありがたく感じるものだということを知ったという。これは決断するにあたって素晴らしい基準である。

もうひとつ言及しておく。ＨＳの親は状況について深く考えるため、ほかの親に助言するのにとてもいい立場にいる。会話や、ブログのコメントを通じてでもいいし、自分のブログで発表したり、本を執筆したりしてもいいだろう。

## もうひとり子供を持つかどうか

ＨＳの親にとって、子育ては最高の時間であると同時に最低の時間でもある。自分の望みが明確な人もいれば、そうでない人もいる。育児の大変さのせいで、私たち夫婦はふたりめの子供をどうするかしばらく決めかねていたが、やがて、ひと息つかないかぎり決断できないことを悟った。

ふたりめの子供に関しては、かなりのプレッシャーを受けることがある。兄弟姉妹と楽しく育ったＨＳは、子供にきょうだいを与えてあげられないことに罪悪感を抱く可能性が高い。ひとりっ子はわがままになるかもしれないと心配したり、孫がたくさんほしいと願う親の圧力があったりするかもしれない。

プラスの側面として、ＨＳの親はいま述べた理由でふたりめを持とうと決意するかもしれないし、最初の子供で学んだことをふたりめの子育てに利用したいと思うかもしれない。また、圧倒されっぱなしで楽しめなかった最初の数年を、今度こそうまくやりたいと思うかもしれないし、単純に自分とパートナーの、ひとりめとは別の特徴を持った赤ん坊を見てみたいと思う場合もある。

一方で気持ちが揺れているなら、それはサインかもしれない。思い出してほしい。ひとりっ子でもいい人生は送れる。実際、大人からの注目を一心に受けることでいい面もあるし、きょうだいと競ったり、いじめられたりすることもない。それにHSの両親は年齢を重ねると、ほかの親よりもエネルギーが不足するため、さらなる刺激や混乱に対処できるか不安になる。大家族がほしいというパートナーのためだけでなく、どうか自分に合った決断をしてほしい。つぎに紹介するのは、ふたりめの子供を持つかどうかの決断についてふり返る、三人のHSの親の話である。

HSPについて何も知らない状態で赤ん坊を育てていた当時、わりと早い時期に、ふたりめの子供を生まなければという気持ちになっていた。娘（二番目の子供）は、私たち家族に大きな喜びをもたらし、また、私と兄のように、誰もが強烈な関係性を育むわけではないのだと教えてくれた。

いまでは、うちの家族にふたりのHSPがいることを知っている。三番目の子供のことはいつも想像するが、これ以上自分の手に負えないことはわかっている。

内向的な友人の多くは子供がいないか、いてもひとりだけだ。彼らは自分の育児能力の限界を直感的に知っていて、すぐにストップしたようだった。一方私は、赤信号を全速力で駆け抜けた。長期的な視点で自分を見つめることをせず、自分が一対一の会話にどれだけ耐えられるかも気づかなかった。音楽を聴きながら空想したのは、敬意を示される、という当然の権利だった。そして大人が働いているあいだ、子供は遊ぶものだと思っていた。

複数の子供の面倒を見るのは、負担が大きすぎるのがわかっていたので、私は絶対に子供はひとりだけにしようと決めていた（すでに二歳年長の養子を迎えていたのでなおさらだった）。子供がほかの子たちと楽しく遊んでいるのを見ると気持ちは揺れたが、やはり現実的に無理だった。

## 育児が天職の場合とそうでない場合

ここで、育児そのものについてじっくり考えてみよう。大半のＨＳＰにとって、育児は「天職」であり、あなたなら祖父母の役割も容易にこなせるだろう。もちろん育児は大変な仕事だし、刺激も多い。しかし子供と一緒に過ごし、彼らの成長を助け、トラウマから守ってあげられるこの仕事ほど、やりがいのあるものはないかもしれない。育児が天職の人にとっては、日々の雑事も挑戦とチャンスである。

（子供を持つかどうかだけでなく）育児は、人類にとってもっとも重要な仕事だといえる。にもかかわらず、職業、使命、天職として、必ずしも尊重されるわけではない。だが、人は誰しも尊重されたいと思っている。

その気持ちを満たすには、同じ使命を持つ人を見つけるといいだろう。親の自助グループは、こういうとき助けになる。幼児教育の学位なども、あなたのやりたいことを助けてくれるだろう。また、あなたが大家族で育ち、親が子育てを何より大切にするような人たちだったなら、あなたはその影響を受けているかもしれず、さらに幸運なら、親がまだ近くにいて、親というあなたの天職を支えてくれるかもしれない。

また、詩人、芸術家、音楽家などの道を歩むＨＳＰは、それではなかなか食べていけないという問題を抱えている。それでも「そうした仕事も人類にとって必要不可欠なものだ」と言う人もいるだろう。尊重されようとされまいと、あなたは自分の道を進めばいい。

一方で、（もちろん全員ではないものの）育児は自分の天職でないと気づく人もいる。そういう親は、ともすれば否が応でも苦渋の選択を迫られつづけることになる。あなたがそうなら、親になるためにキャリアを諦めたことを後悔し、あるいは復職しようにもむずかしいと感じているかもしれない。天職や、満足のいく仕事を探す旅が完結していないのに家族のために稼がなければならない状況が、あなたの天職探しの障害となっている。

バリー・イエーガー著『メイキング・ワーク～ワーク・フォー・ザ・ハイリー・センシティブ・パーソン Making Work. Work for the Highly Sensitive Person』の読みどころのひとつは、単調な仕事、クラフト（手先の技術を要する仕事）、天職について書かれたくだりだろう。単調な仕事は、とくにＨＳＰが恐れるものだ。なかには、たとえ機械的な作業をくり返したり、暇を持てあましたりして時間が過ぎるのが遅くても、賃金が支払われ、それが自分の楽しみや家族のために使えるのであれば、満足だという者もいる。だがこうした作業はそれ自体に意味がないため、ＨＳＰにとっては苦痛をともなう。

クラフトは、手先が器用な私たちを引きつける。また、学びの途上にある私たちに挑戦、興奮、自己拡大、楽しみをもたらしてくれる。だがいったんその仕事を覚えたら、同じ作業はやはり単調に思えるかもしれない。

一方天職は、これこそ自分の仕事だと感じるものである。そこに単調な作業が含まれていてもかまわない。それはまるでソウルメイトのようなもので、仕事に対してややロマンチックにすぎるかもしれないが、ＨＳＰにとっては本当にそうなのだ。あなたの天職は、人生においてパートナーが代わるように変わるかもしれない。あるいは天職が非常に幅広くて、たとえば物書きなら、書く内容が変わる可能性もあるが、いずれにしても、そのとき自分が正しいと思ったことを書くだろう。

また、私たちは天職に夢中になるあまり、ほかのことを強要されると、自分を失ったように感じることがある。天職に戻れるとわかっていればまだいいが、その時期が不明だったり、遠い未来だったりすると、容易に展望を失ってしまう。自分の天職に確信はないけれど、いましているることではないとわかっている場合、意義のある仕事に従事していると感じるのはさらにむずかしくなるだろう。

## 育児が天職でなければどうするか

天職の定義にしたがえば、育児が全員の天職というわけではない。もちろんいい親になることは可能だが、それだけでは物足りなさを感じるかもしれない。

- 自分の天職にすぐに戻れない場合、後悔や苦い思いをしないために、少しずつでも専門分野を練習しておくといいだろう。たとえば、地下室で楽器を弾いて録音する、専門分野の雑誌を読む、実用的であってもなくても有機栽培で植物を育てるなど。
- もしくはシンプルに復職する。お金のためではなく、生きがいを取り戻すために。もちろん、子供のニーズは十分考慮する必要があるが、必ずしも満たせない場合もある。それでも、どうか罪悪感を抱かないでほしい。生きがいの必要性というのは人それぞれで、それがなければ生きていけないという人もいる。とくにＨＳＰにはその傾向があって、たとえ回り道をし、子供を（「産む」だけでなく）育てることを犠牲にしても、人生に目的や意味を見つける必要がある。

- 可能なら、以前支援してくれた職場のリファレンス・グループを再結成し、あるいは専門分野の情報をつねにアップデートして、その分野を担う人たちにソーシャルメディアなどを通じて連絡する。
- 復職後に必要なスキルをできるだけ磨いておく。または将来自分で起業するためのアイデア（多くのＨＳＰにとって最善の策）や、まだ誰も満たしていない世間のニーズについて考える。世間には、犬の散歩をビジネスにしようと思った人がいる。あなたにも何か考えつくはずだ。
- 子供がいつまでも子供でいるわけではない、ということを心に留めておく。すぐに自分の人生を歩みはじめるだろう。いまあなたの子供が中学生以下なら、外部の支援で得られたダウンタイムをどのように使うかをよく考えてほしい。大半はあなたの休憩や（息抜きの）外出に使われるべきで、決して仕事に当てるべきではない。実際、ＨＳの親であるあなたは、休息時間に身体を休ませ、過剰な刺激から回復することを第一に考えなければならない。そうでなければ、気持ちが沈み、ますます満たされなくなるだけでなく、自分のことを悪い親だと感じてしまう。たしかにいま、あなたは育児に専念しているが、やがて天職を見つけたあかつきには、その敏感性によってどこまでも昇っていけるだろう。

ＨＳの親から寄せられた、仕事と天職についての経験を紹介する。

私は外での仕事が、物事をよくしてくれるのか、さらに複雑にするのかわかりかねている。ただ、切実にやりがいのある仕事がしたいと思っている。現在は、自宅で自分のウェブサイト用の原稿を書いているが、フリーランスでほかの仕事も請け負っている。とはいえ、外部の仕事を受ける時間や余裕はほとんどなく、しばしばこの人生が自分のものではないように感じることがある。他人の幸せや他人を気遣うことが、私にはどうしても必要なのだ。

私にとって仕事は、絶えず感情的なエネルギーを求められる子育てよりも、ずっと制御しやすいものだった。だがすぐに、大変なのは仕事から帰ったあとだと気がついた。子供たちの前で私はいつも全力で働き、遊んだが、その合間には、つねに多くの回復時間が必要だった（このＨＳの親は、やがて勤務時間が短くてストレスも少ない仕事を見つけた）。

仕事――ああ、「スーパーママ」を演じるというプレッシャー！　社長と交渉して、いまはとりあえず週三日勤務にしてもらっている。

私は現在の静かな知的労働が気に入っている。それがストレスになる場合もあるけれど、避難所にもなることもある。

育児をしながら働くのは、大変でもあり楽ちんでもあった。日常の異なる役割を区別するのはむずかしくなかったので、そのときどきでやるべきことに集中できた。

才能あるＨＳＰのわが子にとって、公立学校は地獄だったが、ホームスクールという選択は考えていなかった。知的労働をしたり、自分だけの時間を持ったりすることができなければ、私の健康に悪影響がおよぶと思ったからだ。

私はいま働いている職場も、職場の人たちも好きだ。コピーエディターとしての仕事は自分に合っているし、週の半分は家で仕事ができるのもありがたかった。また家族が協力してくれるおかげで、子供を託児所に預けるのは週に二回だけ。それでも、朝、息子と離れるのがいつもつらい。

自分にとって一番大切なこと（つまり息子の世話を一日中すること）ができない失望、罪悪感、憤りは大きかったし、とくにぐずる息子を置いていくのはつらかった。私は落ちこみ、葛藤を抱えたまま出社した。だから夫が、子供の世話や教育を、私の稼ぐ副収入より優先してくれたときはうれしかった。

私が心に描いていたとおりの教育環境が整い、子供にとってもそれが明らかにいい影響をおよぼしていることがわかると、夫はわが家のささやかなホームスクールを誇りに思うようになった。そもそもホームスクールに断固反対していたのが夫だったので、これだけでも大きな一歩といえる。

現在は、子供の教育と家族の生活に重点を置きながら、自宅で編集の仕事にも取り組んでいる。

## 決断についてのまとめ

人生には数えきれないほどの大きな、そして小さな決断がある。その多くは行動する前に熟考して決めなければならない。だがたいていの場合あなたは正しいし、ときには、最善の決断をくだしたくても情報が足りないこともある。そういうときは、どうか自分を許してほしい。間違いは人生でもっとも有益な教訓と、予期せぬ利点をもたらしてくれる。

処理の深さはあなたの才能である。たとえそのせいで決断に迷っても、へとへとに疲れても、それがあるから育児や人生の意味について深く考えることができるのだ。それこそがあなたを素晴らしい人にしているのだ。これは、ＨＳの数ある性質に対する重要なカギである。

## 5 強い情動反応を楽しみ、制御する

Enjoying and Regulating Your Greater Emotional Responsiveness

「育児とは恐怖であり喜びである」と言った父親がいたが、これは非常に的を射ている。HSの母親も自分の経験をこう綴っている。

私の感情的な反応は悪いほうに作用している。些細なものを感じ取るほど多くの可能性が脳裏に渦巻き、神経が高ぶり、ますます感情的になってしまうのだ。

HSの親は強い感情と共感力を備えているおかげで、子供や家族に対する同調性や共感力が高く、無意識的および意識的な感情に基づいた直感が優れている。

また、ポジティブな経験に対する反応がとくに強いため、多くのHSの親が口々に言うように、子育てから得る喜びも多くなる。

同時に、この利点に対するコストも高く、共感性が高いからこそ、子供の気持ちが必要以上にわかってしまう。

## 育児の各段階におけるあなたの気持ち

まず、あなたには感情がある。そして人生にはその感情を揺さぶる時と状況がある。たとえば恋に落ちたら、あらゆる感情が湧きあがるだろう。子供の発達段階にも異なる状況があり、そのつど親たちはさまざまな感情を経験する。こうした感情を制御する方法を知る前に、少し復習しておきたい。特定の段階を過ぎていても、当時を思い出してみてほしい。

### 乳児期

出産は私にとって非二元の体験だった。ハスの花が開くようすが心に浮かび、最後にいきんだときには、自分の身体をみずから粉々に砕いているような気分だった。そして、私はビジョンを見た。無数の星がきらめく宇宙を。やがて扉が開くと、私はその扉が誕生の扉で、誕生の扉と死の扉が同じものであることを知っていた。と同時に死に対する恐怖がなくなった。出産とは、偉大なグノーシス（霊知・認知）、つまり、女性に宇宙の真実を教えてくれる、偉大な秘密なのだと思う。

出産と、それにつづく数週間は、これまでの人生で経験したことがないほど感情が揺さぶられる状況かもしれない。この事実は見過ごされがちだが、ＨＳの親のなかには、出産時の感情（良くも悪くも）が強烈すぎてトラウマになる人もいる。

私の思う身体的トラウマとは、切り刻まれたり、深い切り傷を負ったりしたときのように、突然身体の健全性や境界が深く傷つけられることである。一方心理的トラウマとは、感情的に身を切られたり、壊れたり、バラバラになってしまうことである。私たちは「完全に圧倒される」と、（そのときの感情を言葉にするなど）感情を普通に処理できなくなる。そうなると、人間は分離する傾向がある。つまり、感じることをやめてしまうのだ。もしくは感じてはいるが、動揺の要因と自分を切り離し、「なんとなく不安」だったり、理由もなくストレスを感じている、という状態になる。または、大部分の感情の源である身体の感覚を遮断し、起こったことを忘れてしまう。当人は起こったことをなかなか言葉にできないばかりか、その出来事に対する言語記憶がない場合もある。出産は、男女いずれの親にとってもトラウマとなり得る。

あるＨＳの親の話だ。

出産の喜びと霊的知見につづき、私の人生においてもっとも暗く、困難な時期が訪れた。というのも、不眠の症状が悪化し、そのせいで、天井から巨大なクモがぶらさがっている幻覚を何度か見たのだ。

もちろん、ＨＳの親のなかには、赤ん坊が（ときには何時間も）泣いたりすればさまざまな感情を抱き、直感力、共感力、処理の深さ、些細なことに気づく能力を使って赤ん坊をあやしながら、過度の刺激や睡眠不足に「われを失わないよう」努力している人もいるだろう。あるＨＳの父親の話だ。

妻と私のリアクションの違いを見るのは興味深い。妻の場合、それは授乳の引き金となり、私の場合はストレスの引き金となる。赤ん坊が泣くと私は「警戒モード」になる。すぐに高いストレスレベルに達し、脈拍と血圧が上がり、ぴりぴりと張りつめ、赤ん坊の苦痛を取りのぞくこと以外、何も考えられなくなる。妻が赤ん坊をあやしていると、私はどうしていいかわからなくなる、というのも、赤ん坊の泣き声を無視することも、仕事に意識を向けることもできないからだ。赤ん坊の泣き声を無視しようとがんばるよりも、赤ん坊のために何かをしてあげられたほうが、私にとってはよほどストレスが少なくて済む。

**幼児期**

私には子供たちの気持ちがわかったので、上手に育てることができた。

子供がよちよち歩きをしだすとすぐ、ＨＳの親はさまざまな状況で感情を揺さぶられることになる。幼児は楽しませてくれると同時に、求めるものもとても多い。幼児は自分のニーズやほしいものをはっきり認識しながら、好きなことをしたり、好きなものを食べたりする。
ある母親の話だ。

私は子供たちと四六時中一緒に過ごし、自分を犠牲にして尽くしていたが、わが家の頑固な二歳児が子供用のカートをひっくり返したりすると、思わずきつい口調で叱ってしまい、これではだめだ、自分は世界最悪の母親だと感じることがあった。

幼児に道理を説くのは無理だし、子供が癇癪《かんしゃく》を起こしたら、ＨＳの親は過剰な刺激を受ける。それが公共の場であれば、激しく当惑し、周囲への影響を心配しながら、脳内を高速回転させて子供の吹き荒れる感情をなだめる方法を考えるだろう。ＨＳの親が子供の癇癪を回避するのがうまいのは、子供のニーズを理解し、子供を誘惑するものを隠し、子供の気を逸らすのに長けているためである。
別のＨＳの母親は、自分の体験をつぎのように語っている。

私は自分が思っているより、息子の癇癪に我慢ができないことに気がついた。しかしほかの人は、息子に対する私の落ち着きぶりを褒めるので、たぶん私は、自分に対して厳しすぎるのかもしれない。最初のうちは子供の癇癪に耐え、しばらくはその状態でいられるのだが、やがて堪忍袋の緒が切れて怒鳴ってしまう。

彼女は育児雑誌のなかに素晴らしい解決法を見つけた。「ショッピングモールで子供の癇癪を無視する」という方法だ。

私は、床に身体を投げだして泣き叫ぶ息子を、まるで気づいていないみたいにその場に置き去りにした。足を止めずに、息子に向かって「先に行くからね」と静かに言うと、息子はますます怒ったが、最後には立ちあがって私のあとについてきた。

一方で（とくにHSの親にとって）幼児期には楽しいこともたくさんある。子供がしゃべりはじめたとき、その無邪気で可愛らしい質問に対してうまく答えるのもそのひとつだろう。

### 学齢期

HSの父親の話だ。

一番つらかったのは、私から離れたがらない娘を学校に残していくときだった。泣いている娘の顔を見るのは、とても心が痛んだ。

子供たちの成長という報酬のほかに、この段階では、私たち自身の学生時代の記憶を思い出してみたい。いい感情も不快な感情も湧きあがるかもしれない。HSの親は、当時のつらかった感情に注意し、わが子もきっと同じ状況で同じ気持ちを抱えているはずだという誤った共感を抱かないよう気をつけてほしい。たいていの場合、子供は同じ感情を抱いていない。

私が個人的にとてもつらかったのは、小学生のときに友達があまりできなかったことだ。息子が小学四年生のときに私たちは新たな学区に引っ越したのだが、息子も友達を作るのに苦労していた。私は自分が寂しかった経験を息子に語り、息子に同情を示した。だが息子はまったく気にしていないと言った。同級生はバカばかりで、彼らに好かれようが嫌われようがどうでもいいのだと。もちろん自分を守るための発言だろう（とはいえ、息子のクラスメイトを見たときに、私も息子の言葉に納得した）。ひょっとしたら私はアナリストを気取って、息子の無意識下の気持ちを分析していたのかもしれない。だが私はこのやりとりを通じて、自分では健全だと思っていた反応や感情を息子に投影していたことに気づき、はっとしたのだった。

## 一〇代

子供が思春期になると、ＨＳの親はジェットコースターのような感情の波に翻弄される。良心的で、子供の内面をちゃんと理解してあげたいと願うＨＳの親は、この時期新たな対処法を身につけようと努力するので、敏感でない親よりも、思春期の子供たちといい関係を築けるのではないかと思う。それでも、子供たちにとってあなたがクールじゃなかったり、面白味もなく、一緒にいるところを見られたい相手じゃなかったりすると、なかなかむずかしい。

あなたは、最後まで優しく思慮深いやり方で接したいと思っている。が、感情や共感が高まると、なかなか思いどおりにはいかないだろう。ＨＳＰと一緒に暮らしている人は（もちろん子供も含め）、自分の意思を通すにはどのくらいごねればいいか、自然とわかってくる。それは大声を出すことかもしれないし、ドアをバタンと閉めたり、脅しの言葉を口にしたり、悪口を言ったり、あなたに恥をかかせたり、論破したりすることかもしれない。いずれにしても、家庭内で意思を通すための武器として思いつくものは何でも利用するだろう。

こうした不安定な感情の背後にあるもうひとつの問題は、すぐに離れ離れになるという事実だ。ＨＳの親は、子供が家を出たらその生活がどれほど変わるかを知っている。組織心理学者のハリー・レビンソンいわく「あらゆる変化は喪失で、喪失は悲しまなければならない」。

私は、大学生になった息子が家を出た日のことを鮮明に覚えている。

空港へは夫が送っていったため、私は家でひとりだった。気分は最低で、それはひとり置きざりにされたせいでもあるが、と同時に、これがどういうことか本質的に理解していたからだった。この一件をなかなか乗り越えることができなかった私は、われわれの文化がこうした激しい感情を否定する傾向にある、というテーマで本を書こうかとまで考えた。しかしこれは私がＨＳＰについて知る前のことだ。私のように敏感な親だけは、実際にそういう本が必要だったのだ。

## 感情の制御

生来の強い情動反応のせいで、親として人よりもさまざまなことを深く感じるあなたは、感情制御のエキスパートになる必要がある。深い処理能力を備えたあなたなら、一度制御の仕方を覚えれば、ひといちばいうまくコントロールできるようになるだろう。

「感情制御」や「情動調節」は、意識的あるいは無意識的に感情の流れを――増やしたり、引き伸ばしたり、減らしたりと――状況に応じて調整しようと試みる際の心理学用語である。人間の脳はこうした調節がうまくできるように設計されており、おそらくＨＳＰの脳はとくにその傾向が強いので、ほかの人としばらく一緒に暮らしている人ならすでに感情制御の仕方は十分理解しているかもしれない。だが、さらに意識を高めて困ることはない。

あなたが感情を抑制する方法をよく知っているのは、おそらく子供にそのやり方を教えるからだろう。しょっちゅう子供の前で取り乱していたら、子供たちもそれが普通の反応だと思って、そうなればこの先ずっとひどく感情的なわが子に対処するはめになってしまう。これは子供の気質にもよるが、感情的な子供ならなおさら、抑制の仕方を親子ともども覚える必要がある。

乳児は、感情のコントロールを完全にあなたに委ねている。世話人次第で乳児の痛みや喜びは増幅し、引き伸ばされ、あるいは減少するのだ。乳児は基本的に、こうした感情を抑制しない。小さな幼児もまた、思いどおりにいかないことに対する恐怖や怒りや苦痛（たとえば、人やモノがもう二度と自分のもとに戻ってこないと思ったときなど）をみずから制御するのはむずかしい。

もう少し大きくなると、あなたの抑制の仕方を真似したり、ときにはそのやり方に反発したりする。気持ちを抑える代わりに、大げさに反応してみせるのだ。くり返すが、このときも子供の気質を考慮に入れてほしい。子供の感情抑制やその欠如に関して、すべてあなたがどうにかする必要はない。また、親としてふり返ってみると、まず間違いなく「別の方法があったのでは」と思うものだ。実際は、誰もが「問題」を抱えており、それは完全に解決されることなく、何らかの形で子供に引きつがれていく。

## 制御はしても、押しつけてはいけない

成長するにつれて、子供はどんな感情が自分を幸せにするかを理解し、そして気に入らないものを拒否することを学びはじめる。こうした子供の感情の「色彩」は、取りのぞかないほうがいいだろう。

ＨＳＰは人よりも感情が強いと述べたが、ＨＳＰのなかには、早い時期から自分の強い感情を隠すのがうまい人もいる。感情的になるべきではないという文化で育った男性は、とくにそういう傾向がある。なかには、強い感情や特定の感情を許さない家族や文化もある。

考えてみれば、どの家庭にも、評価される感情とそうでない感情がある。なかには、怒りはよくて、悲しみはだめという家もあるし、恐怖は許されるが、喜びは許されないという家もある。あなたの家庭には、「特定の感情を禁止する以外、うまく折り合う方法がなかった」ために、受け入れられなかった感情はあるだろうか。もしあったなら、あなたの認識力を高め、あるいは感情を表すことが、別の形の感情抑制であることを思い出してほしい。

必要に応じて、子供も大人もあらゆる感情を持つことができる。感情は、実際に私たちの内面や周囲で何が起こっているのかを伝えるメッセージである。それらは自分自身のニーズのほか、ときには「相手の感情を感じること」で、他者のニーズも伝えてくる。こうした感情を抑制してしまうと、重要な知識を見落とすだけでなく、身体的反応も抑圧され、慢性的な症状を発症することがある。

精神的なストレスを感じたり、制御できていないと感じたりするのは、多くの点でよくないし、また、単純に感情的になりたくない場合もあるだろう。なので、感情の解放と制御、両者の適切なバランスを見つけていかなければならない。ほとんどの人はどちらか一方に偏ることが多く、バランスを取るのはむずかしい。しかし一度自分の感情を理解したら、どこで、どうやって、どのくらい対処するべきかのコントロールをおこなうのは当然のことである。また、進行具合や目標に応じて感情を切り替えたい場合もあるだろう（気持ちを落ち着かせたほうが、登校前の子供をスムーズに着替えさせられるなど）。

さらに、なりたい自分を目指して感情の抑制を習慣化させることもある。落ち着いた、楽しい、思いやりのある、前向きな、親しみ深い、親切な、オープンな性格を望むときは、それにふさわしい反応を示すようにするのだ。思うに、ＨＳＰがよく（敏感性を指摘される以外に）「落ち着いている」「面白い」「ものすごく思いやりがある」と言われるのは、こうした情動反応を磨くのが得意だからかもしれない。おそらく、これまでずっとそうやって生きてきたあなたは、自分が選んだキャラクターを見事に磨きつづけてきたのではないだろうか。

## ＨＳＰを助けるもの

ある心理学者のチームが、ＨＳＰが負の感情にどう対処するかの調査をおこなった。まず、別の研究同様、ＨＳＰは落ちこみ、不安、ストレスといった負の感情に気づきやすく、感じやすいことがわかった。残念ながらポジティブな感情は測定されなかったため、そちらの側面に関してはわからなかった。

つぎに、感情を制御して負の感情を減らす戦略（他者と話す、自分の気を紛らわすなど）において、ＨＳＰは特定の戦略をあまり採用しないことがわかった。もっと感情を抑制したい人は、つぎに挙げる五つの戦術を向上させてみてほしい。

1．感情を受け入れる。
2．感情を恥じない。
3．みんなと同じように自分にもできると信じる。
4．嫌な感情はいつまでもつづかないと信じる。
5．嫌な感情にはいずれ対処できるという希望を持つ。

親としてのあなたに、この五つのケースが当てはまるシチュエーションを考えてみてほしい。たとえば育児にうんざりしていたら、それを恥じることなく受け入れられるだろうか？　ほかの人も同じような問題を乗り越えてきたのだから自分にもできる、と思えるだろうか？　自分はひどい人間ではないと思えるだろうか？　どんなことも変わっていくのだから、一生つづきそうな嫌な気持ちもいつかは変わると思えるだろうか？　リルケの詩に好きな一節がある。「どんな感情も過ぎ去っていく」。自分の感情に対して（たとえば助けを得るなど）何かできると思えるだろうか？　五つの項目を見て、もっとも苦手に感じるのはどれだろう？　あなただけではない――この五つは、ＨＳＰなら誰もがむずかしいと感じるものなのだ。

## 気を紛らわす

ＨＳＰの感情抑制に関する弱点に目を向ける以外に、いま、あなたにできることは何だろう。科学者が推奨する感情抑制の方法のひとつに、他事を考えて気を紛らわす、というものがある。あなたの感情を揺さぶる原因である子供に注意を向けなければいけない場合、これはむずかしいかもしれない。だが、ほんの少しだけ注意をそらしてみてほしい。アンガーマネジメントでは、怒りを爆発させる前にゆっくり一〇秒数えることで、怒りを削いでいく。一〇秒数えるのは、心を落ち着かせると同時に、意識を逸らすための手段でもある。

気を紛らわすのに、感情を押し殺す必要はない。反応を遅らせたり、弱めたりすればいいだけだ。子供のようすを見ながら好きな本を読んだり、パソコンで面白い動画を観たり、ポッドキャストや好きな音楽を聴いたりする。可能であれば、環境を変え（環境を変えることで、感情が変わることも多い）、子供と外に出かけるのもいい。いざというときにどうしようか悩まなくてもいいように、気を紛らわせる方法を紙に書きだしておくといいだろう。

こういうときは、よく気のつく完璧な親を演じる必要はない。子供にすっかり手を焼いているなら、テレビをつけて好きな番組を見せてあげればいい。そしてあなたが落ち着けるだけの時間を稼いだら、あらためて自分のニーズに合った戦略を考えればいいのだ。また、万が一、子供を傷つけそうなほど取り乱してしまったら、その場から二、三分離れて、頭を冷やすこと。子供があなたの部屋のドアを叩いたら「すぐに行くから」と答えてあげる。少なくともドアを叩いているあいだは、子供が何をしているか心配しなくて済む。

## 手を借りる

あなたの感情が負の状態に陥ったら、友人や親戚に連絡してみよう。自分の気持ちを語らなくても、話すことで気が紛れる場合もある。相手もときどきあなたに頼っているなら、あなたの話を親身に聞いてくれるかもしれない。いずれにしても気分転換になるだろう。

実際、いわゆる「情動感染」は、感情抑制の意識的な源になり得る。誰かが笑っていたら、たとえそれがテレビのなかの人でも、つられて笑ってしまうだろう。苦しいときは、誰かの落ち着いた態度が助けになるかもしれない。あなたも友人にこんなことを言った経験はないだろうか。「全然心配してないよ。そのうちあの子は立ち直るし、大丈夫だって」。

もちろん、これが逆効果になることもある。相手が苦々しく思う気持ちを察してしまい、そのせいで、わかってもらえないことに対する恥や怒りなど、あなたのなかに嫌な気持ちが生まれてしまうのだ。相手の感情に抗うすべを学ぶことは（とくにＨＳＰにとっては）感情抑制の別の形である。社会的動物として、私たちは相手の感情を読むことに長けている。人間は、サーベルタイガーなど、肉食動物の餌として進化を遂げてきた。餌の役割として重要なのは、恐怖や怒りに対して迅速に反応することだ。ひといちばい敏感な私たちは、とくにその能力が高い。しかし私たちも群れから離れたいと思うことがあるし、状況を深く考える生来の性質のせいで、何かがおかしいと感じたり、自分には役に立たないと思ったりしたら、相手の感情に対して強い抵抗を示すことがある。どんな感情もスポンジのように吸収するわけではないのだ。

**休息、休息、休息**

感情は身体を通って生まれるため、身体が変われば感情も変わる。だからこそ、何度も言うが、私たちには絶対に休息が必要なのだ。そしてそれは、少しの時間で多くの安らぎを得られるような、効果的なものでなくてはならない。

以下は私の発見である。

息子が一歳のころのことだ。毎夕、私がくたくたになって夕飯の支度をしていると（しかも息子の要求に応えながら）、きまって息子はひどくむずかった。そのころ私たちは、パリの裕福な家の屋根裏に住んでいて、息子の泣き声に対する苦情には、ただちに対処しなければならなかった。友人のアドバイスを思い出し、私たちはこのサイクルを断ち切ろうと、簡単な瞑想をはじめた。朝と晩に夫と交代でおこなったのだが、わずか一日か二日で、息子の態度は完全に変わった。これは明らかに、私の身体（心ではなく）が平穏を取り戻したおかげだった。

昼寝でもいい。ある友人によると、ここのところいらいらして気分がよくなかったが、三〇分ほど眠っただけで、とてもすっきりしたという。休息は活動の基本である。私たちの思考や行動はすべて意識の在り方次第で、疲れていれば最悪な決定を、冴えていれば素晴らしい決定をくだす。こうした意識の状態は、私たちが身体をどう扱うかによって変わってくる。

## 基本的な感情とその扱い方

感情や気持ちといえば、さまざまなものを思いつくかもしれないが、そのなかでも大きな感情――恐怖、悲しみ、怒り――に注目していこう。次章では、内気、罪悪感、恥といった痛みをともなう社会的感情について述べていく。

### 心配、不安、恐怖

恐怖は重要だ。私たちを守ってくれる。と同時に、私たちの身体を「戦うか、逃げるか、すくむか」状態にし、食べ物の消化や睡眠といった身体を維持する機能を停止する。その状態が長くつづくと、あなたは疲弊する。だからこそ、どんな形の恐怖も制御する必要がある。

**親の心配。**そう、たしかにＨＳＰは心配性だ。人よりも先を見越していることが多く、これはたいてい良い結果をもたらす。来たるべきものに対して備えができているし、心配性のおかげで日々のごたごたも防ぐことができるからだ。子供が学校に持っていく宿題や、サッカーの練習日を忘れるのが不安で、毎日の予定にもひといちばい気を配る。私たちが約束を忘れることはめったにない。だがこの「有益な心配」のおかげで、疲弊もする。

私たちはちょっとしたことでも心配になる。というのも、誰かの名前を忘れたり、大事なもの（おむつ、鍵、飲み水、おもちゃなど）を忘れて出かけたりして、嫌な汗をかきたくないからだ。同じものを何度も忘れたりなくしたりすると、「取りつかれたように」自分の行動をチェックするようになる。

また、他人からいい親だと思われているか、この状況で義理の家族にどうふるまえばいいかなど、社会的な行動についても心配している。これもまた、疲れてしまう要因だ。たとえ問題を防げるとしても、心配するのは楽しくない。

**不安。**ときどき私たちは、身体に悪影響をおよぼすほど激しく動揺することがあるが、それはまさに不安と呼ぶにふさわしい感情である。私の調査によると、どの親も不安を抱えており、この点に関してはＨＳＰも非ＨＳＰも違いはない。わが子を深く愛するがゆえに、親には不安の種が尽きないのだ。ある意味では、親が最悪の事態を想定するおかげで多くの災難を防げるのだから、これはいい面だと言える。

しかしあまりに不安が強いと、一日中身体的不安を覚えるかもしれない。胃のむかつき、動悸、思考の暴走、震え、発汗などの症状が現れ、夜、眠れなくなる可能性もある。

では、どうすればいいだろう。まず、一歩下がって全体を見てほしい。不安が的中したらどうなるか？　それが問題になるのは一週間後？　一カ月後？　一年後？　命にかかわる重大事だろうか？　それとも不都合なだけ？　不安なだけでなくこの先犯すかもしれない間違いを心配している？　親としてのスキルに関する悩みは、今日の育児環境のなかでは避けては通れない。誰だって間違えることはある。あなたは今日、三つ間違いを犯すことになっていたとする。それは仕方のないことだが、もしそれがふたつで済んだら、上々の一日だったと言えるだろう。

つぎに、自分の心配や不安を気に病まないようにしてほしい。調査によると、心配すればするほど、不安は募るという。これでは悪循環になってしまうので、不安に思ってもゆったり構えていてほしい。また他人の言うこともあまり気にしなくていい。火事でもないのに非常口をいつもチェックしていると「心配性」だと言われるが、ひとたび火事が起きれば「ヒーロー」と呼ばれるのだ。

覚えておいてほしいのは、不安に類する感情は過度の刺激によって引き起こされる場合がある、ということだ。もしそうなったら、刺激を減らしてみてほしい。子供と一緒にいるときや、離れているときにパニックを起こしたら、過度の刺激が原因ではないかと疑ってみる。ＨＳＰのなかには、パニックを起こしても、それを過剰な刺激の特殊ケースとみなすことで、パニック発作や、公共の場でパニックを起こしたらどうしようという恐怖を克服できる人がいる。過剰な刺激と疲労は密接に関係しているため、休息を取って、不安が消えるかどうかようすを見るといいだろう。

新米の親なら、つぎつぎと巻き起こる未知の状況のせいで、疲労、ストレス、不安を色濃く感じ、いろいろなことが手に負えなくなるのは普通のことだ。すべてをコントロールしなければと思うと、ほとんど強迫性障害のようになるし、実際そうなってしまうこともある。強迫性障害は、その定義にもよるものの、新米の母親のうち三パーセント（一般の割合とほぼ同じ）から一一パーセントが発症すると言われている。さらにうつ気味の母親であれば、その確率は七〇パーセントにはねあがる（このように多くの調査は母親だけを対象にしている。父親の皆さんには、その存在をときどき置き去りにしてしまうことをご容赦願いたい）。

では、強迫観念とは何か。強迫観念とは、たとえば寒い部屋で子供が震えながら病気になって死んでしまうところを想像したり、子供が車に轢かれるところを何度も想像したりするような、望ましくない思考、イメージ、衝動を抱き、そうした思考を払拭するために、（赤ん坊の部屋の温度や、子供の居場所を何度もたしかめたりするような）反復的な行動をおこなうことである。あなたはちょっと「神経質」なだけだろうか、それとも治療が必要な状況だろうか。その判断は、常日頃からずっとそう感じているか、とくに子供が生まれる前からその傾向があったかどうかによる。もし強迫性障害に苦しんでいるのなら、助けを求めてほしい。専門家はたくさんいるし、自分ひとりで苦しむ必要はない。

あなたが新米の母親で、うつやストレスに苦しんでいるなら、強迫観念のせいで子供を傷つける可能性があることを覚えておいてほしい。そう、この思考は正常でない。カナダの研究によると、被験者である約半数の母親が「子供を傷つけるかもしれない」という考えを抱いていたという。とはいえ、実際に行動に移すことはほとんどない。自分に置き換えてみればわかるだろう。思考は単に感情を表す方法で、そのときの気分を言葉やイメージに置き換えているだけなのだ。それでも、万が一危険を感じたり、何度もそうした強迫観念にとらわれたりしたら、新米の親やストレス下にある親を専門に治療するセラピストや精神科医など、専門家の助けを借りてほしい。

**恐怖**。心配、不安、恐怖の三つに分けるのは少々恣意的だが、ここでは恐怖を時間によって制限された強い感情と呼ぶことにする。恐怖は通常、心拍数の上昇、手汗、胃のむかつきなどを引き起こす。また恐怖によって、まだ起こっていないことや、二度と起こらないことをひどく怖がるケースもある。驚きなのは、私たちが恐れている大半の出来事は、過去に少なくとも一度は経験済みだということだ。ある意味HSの親は、特定の脅威のほかに、過去に経験し、もう二度と経験したくない感情が突然ぶり返すことを恐れていると言ってもいい。

脅威を避けるのに役立つように、恐怖にはそれなりの用途がある。だが、実際には恐れるべき脅威などめったになく、思ったとおりの恐怖が訪れる確率も非常に低い。しかし、たとえ頭ではわかっていても、やはり怖いと思ってしまう。

できれば恐怖は制御しておきたい。子供と接する際にあなたが恐怖を制御できていないと、子供にもその恐怖は伝染する。

恐怖、ひどい不安、心配には、どう対処すべきか。まず、HSの親にとって重要なのは、最悪の事態に対する備えをしておくことだ。たいていは、子供を亡くす、というのがそれに該当する。たしかにこれは、人が経験し得るなかで最悪の喪失である。なかには、そんなことは考えないほうがいい、と言う人もいるかもしれないが、HSPはどうしても考えてしまうので、そのなかで意識を変えたほうがいいだろう。

私の経験である。

息子が生まれたとき、私はまるで息子を失う覚悟をしているかのように、将来のことは深く考えず、その日その日を楽しく過ごそうとしている自分に気がついた。もちろん、息子が成長すると将来についても大いに考えたが、心のどこかでは、やはり息子を失う覚悟をしていたのだった。

喪失や死について、あなたはどう考えているだろう？　スピリチュアルな世界を信じているだろうか？　大半のＨＳＰはそうだ。ではそうした精神性は、どんな助けになっているだろう？　スピリチュアリティへの疑念は、あなたやあなたの子供に高い代償を払わせることになるかもしれない。

インターネットを使えば、実際に特定の恐怖が起こる確率がわかることがある。その確率は通常かなり低い。自分の身を守る手軽な方法があれば、すぐに実践してほしい。しかし物事を正すための対価だけでなく、それを避けるために払う対価もつねに計算しておくこと。ＨＳＰとしてあらゆる恐怖を感じるあなたは、恐怖を抑えこむよりも、恐怖に踏みこんだほうがいい場合もある。自分で調べるのが不安なら、睡眠中に亡くなったり、他人に誘拐されたりする乳幼児の数を誰かに調べてもらうとよい（米国では、約七四〇〇万人の子供のうち、一年間に睡眠中に亡くなる子供の数はわずか一〇〇名程度である）。

また、心配や不安や恐怖に苛まれているなら、行動を起こす必要がある。瞑想などで対処しようと考える人もいるかもしれないが、瞑想で対処できるのは基本的に心理学的な問題だけだ（ただし投薬や疲労といった、身体的な問題によって不安や恐怖が引き起こされる場合もある）。この傾向が極端に強い人は、おそらく子供のころから心配性で、育児によって恐怖が増大されたと思われる。世間には、優秀なセラピスト、ウェブサイト、優れた書籍など助けになるものが山ほどあるので、そうしたものを活用してほしい。

個人的に、ポール・フォックスマン博士の『ダンシング・ウィズ・フィアー Dancing with Fear』がお勧めだ。自分の読者を「繊細」と呼ぶ博士は、私たちのことを理解している。本のなかでフォックスマン博士は、不安に苦しむアン・シーグレイブとフェイソン・コビントンというふたりが開発した「CHAANGE」プログラムを推奨している。これはごく標準的な総合的手法を用いて構築されたプログラムである。たとえば博士は、瞑想などを定期的に実践することを勧めているが、理由はリラックスしているあいだは不安を覚えることがないからだ。また博士は、食事にも気をつけるよう提言し、とくに血糖値の変化に着目するよう述べている。血糖値の増減が大きすぎても小さすぎても、不安やそれに倣った感情を引き起こすことがあるという。

これも聞いたことがあると思うが、フォックスマン博士は、呼吸にも注目するよう述べている。呼吸は自然におこなわれるもので、たいていの場合、問題なくおこなわれる。しかし不安や恐怖を感じると、呼吸が浅くなることがある。が、深呼吸を数回くり返すと、何も心配ないというメッセージが伝わるのか、心が穏やかになる。その際、風船を膨らますように、鼻から吸って口から息を吐くこと。そうすればつぎの呼吸は自然と深いものになるだろう。

私がこの博士の書籍でとくに気に入っているのは、不安と精神性の章である。この章で博士は、「宇宙とは混沌と無秩序であり、自分にできることはすべて制御するよう努力すべきである」または「宇宙の法則にしたがっているかぎり、宇宙は正しいし、ともすれば優しい」というふたつの選択肢を提示している。あなたはその法則を神、あるいは神の意志と考えるかもしれない。しかし無秩序か秩序か、真実を知る人はなく、聖なる源を頼りにする人もいるだろう。自分に必要なものを求めることはいいことだし、すでに手にしているものこそ必要なものだと想像してみるのも悪くない。また過去をふり返って、当時は悪いものだと思っていたことが、本当にそうだったかどうかたしかめてみるのもいい。フォックスマン博士いわく、人は不安になると、不安の存在を忘れようとするのではなく、そこばかりを見てしまいがちなのだそうだ。

## 不幸とうつ

不平不満は、親が抱えるもうひとつの問題である。子供が生まれる前の「いい生活」を思い出し、この混沌とした状況（寝不足、早起き、子供の世話以外何をするにも時間が足りない状況）がいつ終わるのだろうと思っている人もいるだろう。だが大丈夫、いずれ終わるときがくる。HSの親にとって一番の問題は、こういう感情を抱くことが間違っていると思うことである。HSPは、これまでも人と違う感情を抱いてきた経験から、ここでも自分が特殊なのではないかと思ってしまうのだ。親の支援グループに参加するのが最善の解決策かもしれない。思いきって自分の感情を口に出してみたら、案外同じ気持ちを抱いている人が多いことがわかるだろう。

うつは、これより明らかに深刻だ。妊娠中や産後三カ月くらいの母親は、よくうつ病を発症する（父親についてもこのあと言及する）。いくつかの統計によると、女性の一五パーセントが深刻なうつ状態に陥っており、最大八五パーセントの女性に何らかの症状が見られるという。とはいえ、私たちの調査では、うつ症状の大半がホルモンに起因するためか、深刻な産後うつのような症状は、HSの母親のあいだではそれほど多くは見られなかった。

では、父親はどうだろう？　およそ一〇パーセントがうつ症状を申告しており、その大半は、生後三カ月から六カ月の子供を抱える父親である。父親側にもホルモンの変化はある。しかしうつの主な要因は役割の変化（家族を守り養う意識が高まり、パートナーからの性的な関心が弱まるなど）だと思われる。脳の画像が示すように、父親も子供に対する共感力はある。また、共感を示す領域が人よりも活発であることから、HSの父親は、ひといちばい共感力が強いと考えられる。つまり、母親や子供がストレスを感じていたら、父親もまたストレスを感じているのだ。

貧困とストレスに悩んでいる親は、産後三カ月を過ぎても、うつ症状がつづく傾向にある。一方、産後に家族の助けがあると、うつになる確率は低くなる。ここでも私の主張、助けを得ることの必要性が証明されている。この時期に抱えるもうひとつの強烈な感情、不安もまた、うつに対して重大な役割を演じている。うつと不安は、一方が優勢のときもあれば、他方が優勢のときもあり、生物学的に、多くの点で表裏一体をなしている。父親もうつと不安、両方に苦しむことがあるが、その程度は母親より軽い傾向にある。

ＨＳの親にとって、産後三カ月（あるいは時期を問わず育児中）のうつ症状は、ストレスや睡眠不足が原因で発症することが多い。また2章で触れた差次感受性のように、つらい幼児期を過ごした人は、ひといちばいうつを発症しやすい（同様に、いい幼児期を過ごした人はその影響を受けにくい）。だが興味深いことに、私たちの調査によると、「つらい子供時代を過ごした」と答えたＨＳの親は、非ＨＳの親に比べて、うつや後悔などを含む、つらい育児経験の報告が少なかった。

いつも気持ちが沈んでいたらどうすればいいか。まず、その気持ちと向き合うことだ。これは別に敗北ではないし、あなたが悪い親だということでもない。むしろうつは、そういう気持ちによっても引き起こされる。だから、助けを求めてほしい。もしも二週間以上、大半の時間を暗い気持ちで過ごしているなら、インターネットでうつ病かどうかを調べてみる（これには深刻な産後うつも含まれる）。『精神障害の診断と統計マニュアル　第五版（ＤＳＭ－５）』（医学書院、二〇一四）の項目や、「ベックのうつ病自己評価尺度 Beck Depression Inventory」をネット検索して参考にするといいだろう。たとえ結果が深刻でなくても、うつはあなただけでなく、周囲の人にとっても問題になることがある。なので、なかなか気分が晴れないようなら、やはり助けを求めてほしい。うつ病はごく一般的な問題なので、この問題に悩む親のための自助グループやセラピーはたくさんある。

うつに悩む母親を対象にした専門の精神科医を探すのもいいだろう。できれば医師自身も赤ん坊を育てている母親だとなおいい。そして症状の程度に応じて抗うつ薬を服用すること。もちろん、小児科医の多くは薬の服用に反対するだろう。彼らにとっては子供が患者で、母親の精神状態については尋ねることすらめったにない。一方で、精神科医のなかには母親を患者とみなし、母親のうつ状態が子供に与える影響を考慮してくれる人もいる。うつについて自分たちで調べてもいいが、落ちこみすぎて死にたいと思ったり、赤ん坊を手にかけそうになったりした場合は、言うまでもないが、ただちに助けを求めること。

## 欲求不満、いらだち、怒り

ＨＳの親はいらだつことが多いように思う。そしてそれはたいてい、過剰な刺激を受けているときである。騒音、乱雑さ、絶え間ない質問などが耐えられなくなり、怒りが沸点に達するのだ。ただし休息を取れば、まったく同じ状況でも感情を抑えることができる。

欲求不満といらだちは、私たちが完璧主義のせいでもある。深く処理する能力のおかげで、私たちは物事のあるべき姿を思い描いている。その姿が現実にそぐわないと、自分にいらだち、あるいはそれを妨げている人物に対していらだちを募らせる。たとえば、子供がおもちゃや服を出しっぱなしにしたり、勉強をしなくて成績が悪かったりしたときなどがそうだ。

私たちの良心もこれに影響している。たとえ完璧でなくても、ほかの親たちは自分よりもうまく子供の世話をし、家をきれいに保ち、日に三度、健康的で栄養価の高い食事を提供していると感じるかもしれない。だがＨＳの親が、通常こうしたことを自分ひとりでこなすのはむずかしく、だからこそできない自分にいらだち、腹を立て、恥や罪悪感を覚えてしまう。

欲求不満やいらだちに対処するには、あなたも、子供も、完璧でないと認めることだ。物事がつねに整理整頓されているわけではないし、子供や配偶者や友人たちの期待を裏切ることもあれば、裏切られることだってある。子供たちはあっという間に自立する。その時がきたら引き出しを整理すればいいし、カビの生えたパンがソファの裏から出てくることもなくなるだろう。けれどいまは、もっと大事なことに目を向けてほしい。何よりも、子供たちを愛してほしい。ただし、気質と個人のスタイルが衝突すると、それがむずかしい場合もある。息子の大好きな流行りの騒がしい音楽、とくにその暴力的な歌詞を知ったら、あなたは我慢できないかもしれないし、娘やその友達が快適に過ごす、散らかり放題の雑然とした部屋を、あなたはゴキブリのテーマパークとみなすかもしれない。

あるＨＳの親の話だ。

私の息子はふたりともＨＳＰだが、私とはまったく違う。長男は外向的なＨＳＰで、私のほうは、単にＨＳＰというだけでなく、誰とも話をしたくないほど内向的なＨＳＰだ。

そして九歳の次男も私と正反対のタイプである。息子は四六時中話しつづけ、私があらゆる手を尽くして「室内用」の小さな声で話すよう教えても、いつも忘れて注意されるはめになる。その声といったらオペラ歌手並みに通るのだ！

試しに、自分でも大きな声でたくさん話してみたが、まったく助けにならなかったし、それをつづけるのは無理だった。

子供を愛するＨＳＰとして、彼らの話はちゃんと聞いてあげたかったが、九歳の息子に関しては、「聞き流す」技を身につけざるを得なかった。息子に向きあい、作業の手を止め、目を見て耳を傾けながら、その内容を聞き流す。聞くべき単語を拾ったときには波長を合わせるが、あとは適当に聞き流しておくのだ。

子供に対していらだつと同時に、どう考えても我慢できそうにないことを耐えなければならない親の役割にもいらだち、あなたは身動きが取れなくなっているかもしれない。これを克服するには、子供は独立した存在であることを認めるための、内的作業が必要になる。たぶん一年もすれば、今日のいらだちは消えているだろう。今夜、一〇歳の息子が、ピザと、マカロニチーズと、チキンナゲットしか食べなかったとしても、二年後にはグルメになっているかもしれない。だが現時点では、ピザがあなたの出すべきものだろう。

あなたにできることは何か。いまの親の話のように、聞き流すのもひとつの手だ。また、あなたの声のボリュームを上げるという手もある。もう少し大きな声で言って聞かせれば、いらだちも消えるかもしれない。声のボリュームを一から一〇とすると（大きさだけでなく、明瞭さ、率直さ、力強さなども含めて）ＨＳＰは一からはじめることが多く、そのあまりのさりげなさに、非ＨＳＰは気づかないことがある。私たちはこうした一から一〇までの声量を身につけ、きちんと話を聞いてもらえたことがわかるまで、声の大きさを調整していかなければならない。自分としては声を張りあげて怒っているつもりでも、他人にはまったく怒りが伝わっていない場合があるのだ。

一方で、ちゃんと言葉が伝わっても、何やら些細なことで大げさに騒いでいると思われることもある。だが、いらいらの原因に対処しようとするのは、悪いことではない。子供は（成長すれば）いずれ静かになるし、パートナーは、あなたが床に散らばった洗濯物を拾いながら味わう混沌状態を理解し、軽減してくれるようになるかもしれない。

### 怒り

怒りは通常、恐怖のように、素早い反応を引き起こす。授乳の最中にはじめて赤ん坊に噛まれたら、大きな声で「痛い」というのが最善の反応だろう。心理学者はこれを「一試行学習 one-trial learning」と呼ぶ。しかし小さな子供に対しては、多くの場合、怒りを制御する必要がある。親が癇癪を起こしてしまったら、子供も癇癪を起こすことでしか感情を表現できなくなるからだ。

初期のＨＳＰ研究で、彼らに怒りを押し殺す傾向があるかどうかをたずねたことがある。平均的な答えは、押し殺さないというものだった。私はたまに、怒りを表せるＨＳＰは幸運だと思うことがある。というのも、怒りを表明することで、自分に必要なものを他者に理解してもらえるからだ。だが、大半のＨＳＰは怒りを覚えるとまず、思考をめぐらせているのではないだろうか。かっとなると同時に、素早く処理を開始するのだ。かっとなった出来事についてよく考えるほど、最終的にいい結果がもたらされる。これは子供全般に対して言えることだが、思春期の子供に対してはとくにこれが当てはまる。

ここで、あなたの耐性が過剰な刺激に関連していることを思い出してほしい。そして育児に最適なレベルを保つには、あらゆる手を尽くす必要があることも。怒りを制御できないほどの疲労を感じたら、助けを求めてほしい。

あるＨＳの母親の怒りの対処法を紹介する。

子供の友人たちが泊まりにきていた週末のことだ。宿題の裏に悪口を書かれているのを見つけた娘は、すっかり取り乱してしまった。それを見て笑う友人たちの前で、娘が絶叫した。そのときだった。私のなかで何かが切れるのを感じたのは。もうたくさん。我慢の限界だ！　私はほとんど泣きべそをかきながら、（小走りで）部屋に逃げこむと、耳栓をして電気を消した。その場を夫に任せきりにしてしまったこともどうでもよかった。もう、自分には対処できないことがわかっていた。

マーシャル・ローゼンバーグによる、非暴力コミュニケーションに関する書籍も強くお勧めしたい。ひとことでまとめると、誰もが自分のニーズに対する権利を持っている、という内容だ。ニーズとは私たちを生かすものであり、怒りはそれが妨げられることに対する感情である。だから自分のいまのニーズを理解すること。あなたがほしいのは、静けさ？　スペース？　敬意？　食べ物？　安全？　もし相手が怒っていたら、その人はなぜ腹を立てているのだろう。本人がわかっていないようなら、あなたの共感力を発揮し、そのニーズを知る手助けをしてあげるといい。通常、子供も大人も、相手が真剣に自分の要望を理解しようとしてくれているとわかれば、落ち着きを取り戻す。そのあとで、あなたの要望を告げればいいのだ。それができたら（訓練が必要）、お互いのニーズを満たすことで、問題を解決できるようになる。いたって単純なことだ。

たとえばあなたの息子が、夕飯前に食べてはいけないと言われていたおやつを持ちだしたとする。息子が取ったことを知っているあなたは、どこにやったか尋ねる。息子は否定する。あなたは怒る。そして前にも同じことがあったなと思い「息子は嘘つきになった」と考える。が、そこで立ち止まってほしい。あなたのニーズは何か？　子供を正直者に育て、絶え間ない衝突を避けることだ。

そこで自問する。息子は何がほしいのか？　お腹がすいている？　糖分をほっしている？　ほしいものを自分で選ぶ自由？　それとも、本当にほしいものを伝えた際のあなたからの敬意や理解？　息子はこのとき、あなたの反応と自分が受けるべき罰に怯えている。

そこであなたはこう言う。「きっと身体が甘いものをほっしていたのね。それにたぶん、夕飯前におやつを食べちゃいけないっていう決まりも好きじゃないのね。でも、あなたはルールを破っただけじゃなく、嘘をついたのだから、それについては反省してもらわないと」。

子供は、自分が甘いものが好きで、このルールは不公平だと思っていることにあなたが理解を示し、気持ちを察してくれたことに安心する。あなたはルールについて話し、必要なら修正する。それが済んだら、今度はあなたの番だ。「ふたりでこれは守るって決めたことは、守ってほしいの。あなたを信頼したいから。もしこのルールを守れないなら、どうすればいい？　どうしたらルールを守ってくれる？」。ここで交渉をはじめる。

先ほども述べたが、もし自分の怒りや感情が制御できなければ、とくに子供に手をあげたり（子供を捨てるなど）ひどい暴言を吐いたりしそうになったら、子供とその状況を誰かに預けること。誰もいない場合は、たとえ一時的に子供をひとりにすることになっても、部屋を出ること。私はめったに怒りを表さないが、これまで息子に対して二度ほど怒りをぶつけてしまったことがある。息子が八歳ごろのことだ。「制御不能」だった息子を私はぶった。平手でぱちんと叩いただけだったが、私も息子もショックを受けた。こういうことは必ず起こる。公共の場でかっとなったら、子供が見える範囲で、その場を離れたほうがいい場合もある。

**幼いわが子に対する怒り。**ローゼンバーグの方法を実践するには、子供が言葉を話し、ある程度論理的能力を身につけている必要がある。赤ん坊はあなたのニーズを聞くことができない。赤ん坊にあるのは自分のニーズだけで、それを満たすために、ときに何時間も泣きつづける。あなたがニーズを満たしつづけていれば、赤ん坊が泣くことはないが、感謝をされることもない。幸いにも、赤ん坊はたくさん眠り、自分の要求や感情で手一杯なので、あなたのいらだちには気づいていないように見える。が、実際は、赤ん坊はあなたの感情にある適度気づいている。赤ん坊を完全に守ってあげる必要はないが、赤ん坊を守るために何かをすれば、彼らはあなたの気持ちをある程度感じている。なので、自分のニーズを満たしながら、ネガティブな感情はできるだけ抑え、気晴らしをし、毎日家から出て、将来を思い描くようにしてほしい（一年後にはこの苦労も終わる）。そして何より、助けを借りて苦労を分かち合い、誰かに理解を示してもらうことが大切だ。

**幼児の癇癪に対する怒り。**この章の最初と2章で言及したように、どんな親にとっても癇癪はきわめて刺激が強く、ストレスになる。またＨＳの親にとってはとくにむずかしく、恥ずかしく、頭にくる行為だろう。本書は育児本ではないが、HSの親にとって必要なら、こうした内容にも触れていこうと思う。

ウィスコンシン大学の研究によると、幼児の癇癪は穏やかな怒りからはじまるといい、この状態のうちに、気を逸らしたり歩み寄ったりすることで止めるのが理想的だという。魅力的な代替案を提示するとうまくいくだろう。だが、癇癪が境界線に関わるものなら、いくら妥協しても解決にはならない。また、空腹や疲労もしばしば癇癪に関係するため、気を逸らしたり妥協したりしても防げないことがある。いったん激しい怒りが爆発したら、それを止めるのは不可能だ。根本的な問題を解決する前に、ひとまず怒りを発散させるしかない。幸いにも癇癪は、あなたにとって耐えられない地点へ達したら、そこから自然に収まっていく。平均して癇癪の持続時間は約一分。たしかに永遠につづくように思えるし、この研究では、一時間つづいたと報告した親もいたが、平均は一分だ。がんばってやり過ごそう。

子供が地面に身体を投げだしたり、地団太を踏んだりしたら、それは服従に近い行為なので、癇癪が短時間で終わる兆候である。子供が逃げだしたり、叩いたりしてきたら、長引く可能性がある。癇癪には、苦痛や悲しみに基づくものもあり、自分の負けを悟った子供は、その絶望を表現するのに、より激しく長く泣きつづける。だが喪失に起因する癇癪は、ほかの場合よりも静かで、解決しやすいことが多い。

多くの親は、子供が癇癪を起こすとどうにかしようとするが、研究者によると、何もしないほうが早く収まるという。というのも、あなたが怒りをなだめなければと不安に思うほど、子供は自分の優位をかぎつけるからだ。どんな癇癪もいずれ終わることを理解し、とにかくその時を待てばいい。ただ耐えるだけのほうが、事態を把握したり、手段を講じたりするより簡単だろう。

一方でアレサ・ソルターは、不機嫌な子供を抱きしめて話しかけてあげるほうが、ただ待つよりも効果的だと考えている。抱きしめられた子供は、あなたの落ち着きを感じるし、自分が見捨てられたとは感じにくい。ＨＳの親のなかには、この方法でうまく対処している人もいる。最初こそ子供は意固地になり、耳元で騒ぐかもしれないが、抱きしめられるうちに、泣いたり騒いだりしなくなる。

ＨＳの親にとって重要なのは、経験から学ぶことだろう。癇癪は子供の一般的なふるまいで、解決策もちゃんとある。それを十分理解し、どっしり構えていれば、感情や過度の刺激に押し流されることはない。要するに、処理の深さや（困難を仮定した）過去のシミュレーションを活かせば、子供に対する愛情はもちろん、より全体像が見えてくるということだ。こう考えると、ＨＳの親は、幼い子供の癇癪や怒りにむしろうまく対処できるのではないかと思われる。

**学童期の子供に対する怒り。**学童期になると理屈をわきまえるようになってくるので、癇癪を起こす回数も減ってくる。このあたりから、マーシャル・ローゼンバーグの手法を用いてみるといいだろう。ＨＳの親は、他人の気持ちを害することなく怒りを表現する方法をとても上手に子供たちに伝えることができる。だがときに、学童期のわが子は実際よりも大人びて、手強そうに見えることがある。子供というのは、親の背中を見て育ったことを、当の親に示そうとするものだ。だから腹が立っても平静にしていれば、子供たちも同じようにするだろう。たとえ彼らが取り乱しても、驚いてはいけない。

ローゼンバーグの手法が学童期の子供に与えるいい影響のひとつは、子供たちの興奮を、こちらが伝えたい道徳的教訓を学べる程度に保てることだろう。子供たちのなかには、かなり強い言葉でこちらの言い分を伝えなければわかってくれない子もいれば、こちらの共感やニーズを普通に話すだけでわかってくれる子もいる。そして敏感な子供に関しては、過ち、恥、怒られたり罰せられたりすることへの恐怖が、過覚醒状態を引き起こし、あなたのメッセージを遮断してしまう可能性がある。

**一〇代の子供に対する怒り。**くり返すが、これは育児本ではない。一〇代の育児に関する書籍ならたくさんあるし、できることなら、思春期の脳に関する新たな発見についてもぜひ学んでほしい。あなたが権威的リーダーシップを取る立場にいるあいだは、ローゼンバーグの手法をとても効果的に用いることができるだろう。あなたは状況を制御する人物にもなれるし、自分のニーズを踏まえたうえで、子供に敬意を示すこともできる。また、弱さをさらけだしてもいい。自分のニーズが子供っぽく思えても、それもまた人間らしさの証拠である。

とはいえ、口論の多くは特定の問題や状況に関することなので、それらについての自分の言い分は明確にしておいたほうがいいだろう。状況がよくわからなければ、注意して耳を傾けること。そして子供が間違っているようなら、彼らよりも物事をわきまえている（べき）あなたが親身になって、毅然と対処しなければならない。

社会生活において大事なことは、ミスをしたらそれを認め、謝ることである。子供は、そこから多くのこと――親も間違えることはあるし、間違えたらそれを認めていいこと――を学ぶ。実際、子供は意外な角度から親を見ており、人は間違いを認めた人に対してより敬意を示す。

それでも、一〇代の子を持つ親は怒りを覚えることがある。子供が家を出ていくときもそうかもしれないが、それに関しては、実はそんなに気にしていない。HSの親にとって本当の問題は、子供がますます自立心を育み、すぐに独立してしまうということだ。でもだからこそ、自分がどれほど子供たちに成功してほしいと思っているかを伝えなくてはいけないし、子供が自分で何かを学ぶ許可を与えなければならない。思春期の子供が怒りを爆発させるのは、大人として敬意を払ってほしいのに、子ども扱いされるからである。もしくは、子供として扱ってほしいのに、大人のふるまいを期待されるからである。親であるあなたは、子供の心理状態にふりまわされて、お母さん（お父さん）は間違っている、と言われるとすぐに腹を立ててしまう。やはりここでも育児に関する書籍を読み、つぎつぎに起こる難題にどう対処するかを考えておくのが望ましいだろう。

## ポジティブな感情

ポジティブな感情についてはどうだろう？　ＨＳＰはポジティブな感情に関して、とくに無邪気だと言えるのではないだろうか。喜びが胸に湧きあがる。子供の喜びをともに味わうことは、ＨＳＰが子供を持ちたいと思う理由として重要かもしれない。これは強い共感力や情動反応の恩恵のひとつであり、子供がはじめて木漏れ日に照らされた青葉を、風に揺れる木々の枝と花の驚異を見たとき、あなたはすぐそばで同じ感動を味わっている。最初の誕生日、特別な休日やプレゼントを開けることの意味を理解した日、はじめての休暇やディズニーランド旅行。なかには過剰な刺激をもたらすものもあるだろう。だがどれほど過剰な刺激を受けようと、こうした瞬間はぜひ味わってほしい。

笑いもまた、おそらくほかの親より多く子供と共有する感情だろう。あなたは子供のちょっとした冗談やくだらない話にも反応し、軽口をたたく。それから好奇心。ＨＳＰは物事の仕組み、物や人の成り立ち、その移り変わりを知りたい気持ちが人より強い。子供も同じだ。あなたは子供に同調することで、ほかの大人は気づかない、わくわくするような瞬間に気づき、分かち合える。子供に教えることも大きな喜びだ。その処理の深さのおかげで、より深く、創造的で、面白い反応を示してあげられるだろう。ただし疲れていなければ、だが。

そう、ポジティブな感情を楽しむには休息が必要だ。これはつねに重要なポイントである。HSの親が最高の状態でいられるのは十分な休息を取っているときで、そうでなければ困難がともなう。感情の抑制は神経系の仕事だが、あなたのそれはせっせと働き、あらゆる状況を把握しながら、あなたの感情だけでなく子供の気持ちにも共感しようとがんばっている。あなたはもともと喜びや楽しみに対する感度が高い。だから大いに楽しんでほしい。そしてもし心に深刻な問題があるようなら、どうか助けを求めてほしい。

# 6 さまざまな社会的接触を切り抜ける

## ——教師、ほかの親、善意の親戚、医療専門家

Navigating the Intensified Social Contact: From Teachers and Other Parents to Well-Meaning Relatives and Health Professionals

妊娠中に自分がＨＳＰだと気づいていたら、世間に対して（ただちにお見舞いに来たがる人や、育児に関するさまざまアドバイスをしてくる人などに対して）自分がどう反応するかわかっていたのに、と思う。

ＨＳの親を対象におこなった調査で、とくに得点が高かったのは「親になったことで新たな知人（ほかの子供の親や先生など）と接しなければならないのが苦痛だった」という項目である。妊娠したというだけで育まなければならない、もしくはかかわりを余儀なくされる人間関係が苦痛だという話をＨＳの親から聞いていなければ、私はおそらくこの項目を採用しなかっただろう。外向的なＨＳの親でさえ、この絶え間ない社会的かかわりの必要性に不満をこぼしている。彼らも内向的なＨＳＰと同じように、休息や静かな時間が必要なのだ。妊娠した瞬間

から、子供が高校、あるいは大学に行くまで、周囲の人からすれば、彼らが子供にまつわる社会的つながりを持つのは権利であり、当然のことである。そして赤の他人でさえ、赤ん坊のそばにやってきてアドバイスをしたり、突然自分の育児経験を語りはじめたりする。たぶんこれは「子供は地域が協力して育てるもの」という流れをくんでいるのかもしれないが、そういう地域では、敏感な母親や父親の存在を全員が把握し、彼らがそっとしておいてほしいと思っていることもちゃんと理解しているものである。

こうした余計な社会的刺激に加え、ほかの親、あるいは親友のように話しかけてくる子供好きな人との会話が穏やかに進まないと、よそよそしい、内気、愛想がないなどと言われかねない。ＨＳの親の多くは、自分が「変わっている」と思われることで子供の評判に傷がつくことを恐れている。

あるＨＳの母親の話だ。

娘が私を恥ずかしく思って、友人を家に招かなかったらどうしようと毎日不安になる。ほかの親は私のことをどう思うだろう？

もちろん、子育て中に出会って、生涯の友となる人もいるだろう。人生における大きな変化やつらい時期を一緒に乗り越え、経験や情報を共有し、お互いが心の支えになると、ときとして人はとても親密になる。だからこそ、こうした潜在的な人間関係に背を向けるのはむずかしいし、もちろん、すべてを拒絶すべきではない。出会う親のなかにはさまざまなタイプの人がいるだろう。選択肢が多ければ、同じ価値観、興味、性格の人も見つけられるはずだ。とくにほかのＨＳの親を見逃さないようにしてほしい。生涯の友を得られるかもしれない。

だが友人と一緒にいても、過度な刺激を受ける場合がある。ＨＳＰは、社会的なまじわりにとりわけ刺激を受けやすい。というのもどんな状況であれ、私たちは相手に言われたことや、相手に返したい言葉などを深く考えて処理してしまうからだ。また周囲で起こっている些細なことや、話し相手のちょっとしたことにも気づいてしまう。つまり社会的刺激は、私たちが日常で対処すべき大半の刺激の源であり、私たちの感情が過剰な刺激を受ける理由でもある。

社会とのかかわりは、どれも感情をともなう。前章で触れた恐怖、悲しみ、怒りなどの感情はたいてい人に関連したものだが、たとえば罪悪感や誇りは社会に関連した感情である（「愛」や「好き」は厳密には感情ではなく、誰かと過ごすための動機であり、結果として多くの感情をもたらす）。これから四つの社会的感情に注目しながら、プレイデートでほかの親と接する、あるいは先生、コーチ、小児科医をはじめとする子供関連の専門家と話すといった、具体的な状況に目を向けていこうと思う。

## 社会的感情

他人と一緒にいるときは、必ず社会的感情が発生する。内気、後ろめたさ、恥ずかしさ、プライドである。それらの感情を認識し、うまく対処するのは大事なことだし、あなたにとってそれほどむずかしいことではないだろう。実際、これから私が述べる内容の大半はとりたてて目新しいものではない。それでも、改めて聞いておいて損はない。

### 内気

ほかの母親たちに会うのは本当に緊張したし、まるで幽体離脱体験のように現実味がなかった。学校行事に参加するたび、騒々しさ、子供たち、絶えず不安が押し寄せる状態にいつも警戒し、へとへとになった。

息子の友人の母親は好きだったが、それでもつねに疎外感を覚え、彼女に好かれていないのではと感じていた。

内気とは社会的判断を、ひいては拒絶や孤立を恐れることだ。拙著『敏感すぎる私の活かし方 高感度から才能を引き出す発想術』でも述べたように、ＨＳＰは「内気になる」ことが多い。親になると、あなたのような、そしてあなたとはまったく違う人たちと頻繁にかかわるようになるため、新たに人見知りを発揮してしまうことがあるのだ。おそらくあなたは、サッカーの試合でもサイドラインで静かに見守り、ほかの親の声援や噂話から距離を置いているのではないだろうか。過去にほかの親たちに加わった経験がある人は、いつもの倍は疲れただろう。あるいは新入生の親を歓迎する会に参加したことがあるかもしれない。ほかの親たちは、まるで昔からの知り合いのように仲良く話している。しかしあなたはその時点ですでに過剰な刺激を受けているため、みんなのようすを観察しながら状況を把握するのが精一杯だ。が、やがて自分が仲間に入れていないことに不安を覚え（人間の抱く深い恐怖だ）、あるいは周囲の人が不審に思いはじめる。あなたは会話の途中で仲間に加わろうとするものの、神経が高ぶっていてうまく言葉が出てこない。結果、自分は人づきあいが下手なのだと思ってしまう。

こうしてあなたは内気へと移行する。他者との交流を避け、ごく少数の仲間とだけつながるようになる。その結果、ほかの親とかかわらなければならない状況になると、本当はうまくやれる社交技術があるのに自分でそれを疑い、ますます神経を高ぶらせてしまう。先ほども述べたが、内気とは社会的判断を怖がることであり、このときあなたは、少なくとも特定の誰かに人見知りを発揮している。ＨＳの親全員がそうだというわけではないが、新たな集団に加わり、その集団内でほかの人があなたよりも早く馴染み、派閥を形成するといった事態になると、大半のＨＳがこのリスクにさらされる。彼らは、集団内であなたほど大きな刺激を受けることはなく、それどころか適度な刺激を覚え、誰とでも話せるようになるのだ。

あなたが社会的判断を恐れるのは、自分の感覚がほかの人と違うことを知っているからでもある。多くの親はそれほど育児に苦労していないように見えるのに、自分にとっては信じられないくらい大変なのだ。また、子供に深く同調する自分を、人と違うと感じることもある。これは一見ポジティブな資質のように思えるが、他者から見ると過保護、あるいは構いすぎだと思われる可能性がある。育児法や栄養に関する情報を人がやりすぎだと失笑するほど徹底的にリサーチした経験はないだろうか。人と比べることや自分のやり方を疑うことは、内気になるもうひとつの大きな要因である。私たちはさまざまなことを深く処理するため、こうした比較や疑念、他者からの批判（現実であれ妄想であれ）は、簡単に膨れあがっていくのだ。

自分が人からどう思われているのか考えるのは普通である。人間はそうやって生きてきたのだし、所属する一族や村から放りだされないよう、ルールにしたがうものだ。私たちは社会が求めているものを理解しておく必要がある。「親」というグループに一度所属したら、あらゆる種類の期待がのしかかってくる。しかしそれにとらわれてしまうと、あなたは他人と自分を比較してばかりになるだろう。比較とはつまり、自分を「ランクづけ」することだ。人と比べて自分はいい？　悪い？　同じくらい？　勝ちか、負けか、引き分けか？

拙著『アンダー・バリュード・セルフ The Undervalued Self』のなかで私は、人間（およびすべての社会性を持つ哺乳類）は、ふたつの社会的習性を持っていると書いた。ランクづけとリンクづけだ。集団に親しみを感じている場合、私たちは通常、そこにいる人と自分を比較したりはしない。だが優れている人物や、あまりよくない人物を見分けると、彼らをランクづけする。くり返すが、比較もランクづけも普通のことだ。犬や馬や猫や鳥をはじめとする社会的動物の群れを観察すれば、誰が一番で誰が二番か決まっているのがわかるだろう。順位が決まっていれば、誰が最初に食事にありつくか、あるいはかわいいメスを手に入れるかなど、毎度の争いが避けられる。

しかしランクづけは、人とリンクする（つながること）ほど気分のいいものではない。人を好きになるほうが、とくに特定の人を好きになり、相手からも好かれるほうが、ずっと気分はいい。どんな社会的動物にも友人がいる。内気を克服するもうひとつの方法は、ランクづけよりも人とリンクすることである。できるだけ多くの人に優しく感じよく接し、とくにあなたが気に入っている人や、あなたを気に入ってくれている人にはそうしてほしい。ランキングなどたいして重要じゃない、と思うことだ。なぜほかの親と比べる必要があるのか。みんなベストを尽くしているのではないか。たしかに、なかには人を貶めて自分こそ最高の親だと思わせようとしている人もいるが、そういう人たちとはかかわらなければいい。

では、ほかの親の前だと内気になってしまう自分をどうすればいいだろう。

- ランクづけがいつおこなわれているのかを知り、それをおこなっている人物を避ける。誰が最高の親の評価を得るのか、あなたではなく、ランクづけをする人物を心配させてやるといい。

- 本物のつながりを築く。笑顔、アイコンタクト、相手の発言に共感を示す。「ああ、もう疲れた」と言われたら「そう、大変だったからね」と共感し「ほら、ちょっと座ったら」などと気遣いを見せる。もしそれが好きな知人だったら「こんなところで会えるなんてうれしい」と伝えるといいだろう。
- みんなの輪のなかで一歩引いている親がいたら、彼らと知り合いになってみる。こうした状況がいかに苦痛かを切りだせば、あなたのほかにもＨＳＰ、もしくは内向的な人、あるいは内向的なＨＳＰがいることに気づくかもしれない。
- ＨＳの親と会ったら知人になる。行事に参加しなければいけないときは、彼らと一緒に行くといい。
- 大きなグループを避けること。小さなグループ、とくに知り合いのいるグループで行動する。
- 何か話をしなければいけない場合、育児のあるある話（ただし論争を引き起こさない話題）を、あらかじめ考えておく。相手が話しだしたら、興味を持って話を聞いてあげること（人は自分の子供の話をするのが大好きなので、ちゃんと話を聞いてくれるあなたに好印象を抱くはずだ）。
- グループに参加する際は、好きな知人に話しかけてみる。ただそばに立って気づかれるのを待っていてはいけない。

・それほど実働をともなわない、リーダー的な仕事を引き受けてみる。ある種の地位を得ることであなたのもとに人が集まり、グループにも居場所ができるだろう。

**罪悪感**

毎年一二月と六月には、学校行事がたくさんある。子供も先生も、親の参加を期待している。だが仕事帰りの私に、そんなエネルギーは残っていない。それでも子供に「行けない」とは言いづらい。なぜ仕事にエネルギーを使って、自分の子供にノーと言えるのか。

別のＨＳの母親は、自分の罪悪感をこんなふうに語っている。

子供がうまく社交性を育めなかった「原因」をつくってしまったことに対して、私はこの先もずっと苦しむだろう。

人間の社会的進化において、罪悪感や恥の意識は、他者との調和を形成するのにきわめて効果的だったに違いない。たとえば、妊婦や年寄りや幼子に肉を分け与えない狩人がいたら、彼は己を恥じるべきだろう。おそらくＨＳＰは、そうした許容範囲の見極めに優れていて、人知れず自分の行動を調整していたと考えられる。だがそのおかげで、人よりも罪悪感や恥を抱きやすくなってしまった。

罪悪感は、間違ったことをしたと思ったときに抱く感情である。私たちはそれを償い、許され、同じことをくり返さないよう努めたいと願う。恥がもたらすような（自分には価値がないといった）絶望感はないものの、慢性的になると、罪悪感も恥に近くなる。ＨＳＰが罪悪感を抱きやすいのは、自分の行動について深く考え、他人に不都合をもたらしたのではないか、不快にしたのではないかと想像するからだ。つぎこそはうまくやろうと思うのは、私たちの性《さが》である。子供時代に罪悪感や恥を抱くことが多かったなら（私たちがそうした感情を抱きやすいことを大人が理解していなければ、それは容易に起こる）大人になってからも、ますますその傾向は強まっていく。

ＨＳＰが親になると、とくに罪悪感を覚える機会が増える。親として罪悪感を覚えるのは自然なことだ。子供のニーズや要望をすべて満たすことはできない。何でも与えられるわけではないのだ。また、育児は非常に手がかかるため、パートナーに対しても罪悪感を覚えるかもしれない。家の外ではほかの親のように友情を育む時間が取れないし、職場でも全力を出せないことがある。私たちは疲れていると、他者を軽んじたりいらだったりする。親として参加を期待される行事にも、いつも参加できるわけではない。私たちが行事への参加をよく頼まれるのは、きちんと役目をこなすうえに、これまで断ったことがないからだ。断れば、後ろめたく思うだろう。

この罪悪感はいったいどうすればいいのだろう。

- 罪悪感についてほかの人と話し合う。相手はあなたが間違っていると思うだろうか、それとも人によってとらえ方が異なるだろうか。
- 相手はあなたに仕事をしてもらうために、責任や罪悪感を植えつけようとしているかもしれないので、それについてよく考えてみる。
- たとえばミスをしたら、その原因（よくある人為的ミスの可能性）や実害を考える。実際は罪悪感を覚えるほどのことではないかもしれない。
- あなたの共感力を活用する。自分の「ミス」を客観的に見てほしい。それが誤解やミスコミュニケーションであれば誰のせいでもない。あなたが口頭やパソコンで発信した言葉が、思ったとおりに相手に伝わらなかっただけだ。どちらにも悪気がなければ、それはもう仕方がない。たとえば誰かに、「可能なら」その人の子供の面倒を見ると伝え、相手はそれを約束だと思いこんだとする。あなたは自分の意図をちゃんと伝えたのに、相手がそれを違うふうに受け取ったのだから、そこに罪悪感を覚える必要はない。
- 本当に失敗したと思ったら、きちんと非を認めること。しばらくはいたたまれない気持ちになっても、その後どう埋め合わせをするか、二度とくり返さないためにはどうすべきかを考える。ミスを認めると、言い返されると思っていた相手は不意を突かれる。「すぐに対処すると言ったのに、ご指摘どおり、まだできていません」。そして、すぐにやるか、できないのであれば事前に言うべきだったと、素直に伝えること。

・そのミスは、無意識にしてしまったものかどうかを考える。HSPは親切心から手伝いを申し出ることがあるが、本当はやりたくない仕事だと、結局忘れて放置してしまうことがある。自分の意思とは違う行動をする際、無意識は異なる動機を持っている。この場合、あなたは責められても仕方がないかもしれない。自分のニーズや感情を理解していないのはよくないし、これについてはあなたが取り組むべき点である。

・（これは友人からのアドバイスだが）何かあったら手を貸してあげたいと思う人物を一〇人リストアップする。どうしても必要なら組織を含めてもいい。たとえ遠く離れていても、リストの友人ならあなたが困ったときに子供の面倒を見てくれるだろう。リストに載っていない相手に対しては、何をするにしても、とくに罪悪感を抱く必要はない。

・人間関係で失敗しても気にしすぎない。それよりも失敗にどう対処するかが大切だ。罪悪感を抱いたときにどうふるまうかを決めておくといい。そして自分の身を守るよりミスを認めること。たとえば、子供と対立しても頭ごなしに叱るのではなく「ちゃんとあなたの話を聞いていなくてごめんね」と謝り、可能であれば埋め合わせをする（つぎに同じことが起こったら、今度はちゃんと子供の視点に立って耳を傾ける、など）。

・まず、自分を許すこと。人は完璧ではない。自分のがんばりを認め、わが子はもちろん、多くの人から愛されていることを思い出す。彼らはあなたを許すし、あなた自身が自分を許すことを望んでいるだろう。

### 恥

子供や夫にとって、私は暖かで安全な砦ではなかった。それに気づいたときの恥ずかしさのせいで、問題はますます悪化した。どうしてうまくできないのだろう？　どうしてすぐに気持ちを切り替えられないのだろう？

子供たちが受けとって当然のものを全部あげられないなら、母親になんかなるべきじゃなかったと思うことがよくある。子供たちはパーティが好きなのに、私のストレスになるからという理由で、うちではめったに友人を招いた夕食会はやらない。子供の誕生日会は盛大におこなうけれど、はたしてそれで十分だろうか。

恥は罪悪感に似ているが、そのときのふるまいだけでなく、あなた自身を否定するという点で、罪悪感よりもたちが悪い。人は極力恥を避けたがるので、その言葉自体めったに使われない。だが私たちが普段していること――ルールにしたがい、行儀よくふるまい、礼儀を尽くし、相手を喜ばせる――の裏にはそれがある。恥を避けるために、人は自分を正当化し、他人を責め、「別に大したことじゃない」とか「その日は『休み』だった」などと言う。恥に対する言い訳に注目してみてほしい。きっと一日中あちこちから聞こえてくるだろう。誰かの言葉が「自己弁護」に聞こえたら、それは恥から自分を守っているのである。

HSPは人より恥を覚えやすいし、罪悪感も抱きやすい。あらゆる感情を敏感に察知し、行動する前に注意深く観察するという生来の戦略を備えているからだ。だが、ミスを犯さないよう警戒しすぎると、やがて自分が何やらおかしいのではと思えてくる。そうなっても、助けてくれる人はほとんどいない。私たちは少数派なのだ。そして多数派は（プレッシャーのもとでの粗末なパフォーマンスなど）こちらの欠点しか見ていないことが多いため、私たちは偏見の対象となり、自分を無価値だ、少なくとも彼らから見たら価値がないと感じてしまう。またHSPは、罰として辱めを受けるなど、悪い育児にも影響を受けやすく、ネグレクト、放置、愛情の欠如によっても恥を覚える。論理的ではないかもしれないが、子供がいろいろがんばるのは、必要な愛情やケアを受け取るためなのだ。

育児には、恥を感じる理由がたくさんある。原因のひとつは、アドバイスしてくる人にある。たとえ些細な助言でも、こちらが間違っていると暗にほのめかされているような気がしてしまう。そういう人とは、かかわらないようにしたほうがいい。もし無理なら「あなたにはその方法が合っていたんですね。でも、人それぞれ合うやり方があると思います」と言ってみよう。かりに相手が身構えたら（恥を感じたら）、「恥のボール」を投げ返すのではなく、下に置く練習をしてほしい。「たしかに、そうする場合もありますよね」とか「私も同じことをやりました」と受け流して、場の緊張を解くといい。恥を上手に避ける方法を伝えることで、HSPは本物のリーダーの資質を育んでいけるだろう。これは子供たちにとっても重要だ。もし子供に恥をかかせてしまったと感じたら「私も子供のころに同じことをしたし、これはいたって普通のことだよ」「あなたのいまの気持ちも、それをやってしまった理由もよくわかる。でも済んだことは仕方ない。もう忘れて。私もそうするから」と言ってあげるといい。

いろんなことにいろんな方法で対処していると、いつも何かしら失敗しているような気がするかもしれない。やがてそれらは罪悪感から恥へと移行し、そうなると「恥の育児」が改善されることはないし、自分の長所である敏感さを信じるのもむずかしくなっていく。

恥を感じたり、自分をだめな人間だと思ったりすることに意味はない。あなたはこの世に、純粋で、繊細で、愛情深い人間として生まれてきた。あなたが恥じていることの大半は、自分ではどうしようもないことなのだ。あなたに落ち度はない。あなたの本質は断じて悪いものではないし、これまでだってそうだった。たしかに自分の抱える問題は自分でどうにかしなければならないが、「問題が生じたこと」自体に関してあなたに責任はない。

しかし、恥は論理に対して頑なに抗う。そこで第三者（正しい他者）からの評価を受ける必要がある。パートナーや友人に頼むといいだろう。ただしなかには、あなたの恥を煽る人もいるので注意してほしい。おそらく私が本書を執筆した最大の目的は、さまざまな親の例を紹介することで、ネガティブな感情に襲われたときでも、あなたはひとりじゃないし、何ら恥じる必要はないと伝えることである。ぜひとも、ＨＳの親やＨＳのグループとコンタクトを取ってほしい。現在ＨＳの仲間がいなければ、インターネットや対面で探してほしい。もちろん、同じＨＳでも彼らとあなたは違う。それでも、少なくとも自分が正常だということが、自分の本質が決して悪いものではないことがわかるだろう。

いつも恥を感じているようなら、全力でこの件に取り組む必要があるだろう。助けになってくれる専門家は山のようにいる。セラピストにかぎらず、書籍や講座を参考にしてもいい。私がＨＳの親にとくに伝えたいのはつぎのことだ。

- 完璧主義者にならないよう注意する。自分に厳しくなりすぎないようにする方法を学ぶこと。
- 過去に自分がうまくできたことに着目する。罪悪感のとき同様、自分を愛し敬意を示してくれる人のことを考える。
- 自分の恥がどの程度、敏感さを恥じる気持ちになっているか考える。新たな文脈のなかでリフレーミングしてほしい。
- あなたの敏感さを理解してくれる知り合いのことを考える。
- 過去、現在、そしてこれから出会うＨＳの親のことを考える。彼らはＨＳの親の個性を認め、むずかしい仕事を見事にこなすあなたの素晴らしさを認めてくれるだろう。

## プライド

プライドは、立派な社会的感情だ。わが子を誇りに思うことは多いだろう。プライドはある種の比較であり、そこには当然ランクづけがともなう。先ほども述べたが、ランクづけは自然なことで、しかも必然である。不快感を覚えるのは、自分が一番じゃないことに腹を立てたり、誰かに出し抜かれるのではと不安になったりしたときだけだ。この感情は、あなたが他者を（たとえば自分の子供を）誇りに思っていることを思い出させてくれる。あなたは自分の育児を誇りに思う一方で、自分とはまったく違う、独自の存在であるわが子をとくに誇らしく思うだろう。あらゆるものに強い感情を抱くＨＳの親は、誇りに思う気持ちもひといちばい強いが、これは素晴らしいギフトである。

もちろん、自分と子供のあいだの境界線は保たなければいけないし、子供が成し遂げたことはあなたの手柄ではない、ということも覚えておく必要がある。これと対極にあるのがナルシシズムだが、この種の親は、わが子をあたかも自分の手であるかのように、自分の身体の拡張部分か何かだと思っている。個人的には、ＨＳの親がナルシシズムに陥ることはまれだと思う。というのも、ナルシシズムはある意味、共感と相反するものだからだ。共感があるからこそ、私たちは他者の気持ちに深く寄り添うが、ナルシシズムのなかに他者の感情や視点はほとんど存在しない。

## さまざまな社会的状況

まずは事実に向き合おう。第一に、あなたは過剰な刺激を受けやすく、とくに内外における他者とのかかわりにおいてその傾向がある。第二に、あなたは人間関係に対する情動反応がもともと強い。第三に、それでもつぎに述べる状況を避けることはできないし、避けるべきではない。では、対処法を見ていこう。

### ほかの子供の親、支援グループ、プレイデートなど

大半の人は、社会的なかかわりが多いほど対処に困る、というあなたの性質を理解していない。理解してくれるＨＳの親に出会うこともあるかもしれないが、たいていは自力で解決しなければならない。支援グループに参加するならさまざまな団体があるし、もちろん参加しなくても構わない。だが参加する場合は、いくつかのグループに顔を出してみて、ＨＳの親がいる団体に決めたほうがいいだろう。

プレイデートをすることになったら、子供たちが遊んでいるあいだ、きっとあなたは相手の親とおしゃべりをすることになる。おしゃべりを避けられない場合もあるかもしれないが、気分が乗らなければ、何か理由を考えて（急いで読んでしまわなければいけない資料があるとか）

近くに停めた車で待機していればいい。そうすれば相手の親も自分の用事を安心して済ませられるかもしれない。このようなプレイデートができるなら、将来的にプレイデートの約束は増える可能性がある。

子供はその子と遊びたいのに、あなたがその親とあまり一緒にいたくないと思ったらどうすればいいか。そういうときは、パートナー、友人、近所の人などに頼んで、子供に付き添ってもらえばよい。

試合や練習で子供の勇姿を見守りたければ、本を片手に、ほかの人から離れた場所に敷物を敷く。そして子供がプレイをしているときはその姿を応援し、試合後に感想を伝え、子供にちゃんと見ていたことを知らせてあげること。

ソーシャルメディアは、育児にまつわる社会的刺激を減らすこともあれば、増幅することもある。これは刺激を避けつつ、他者とつながる方法にもなり得るが、言葉の裏にある感情を理解できないために苦痛を感じることもある。とくにＨＳＰは、的外れな侮辱や批判にもすぐに反応してしまう。また、長時間それればかりに気を取られていると、複数の作業をこなそうとしているならなおさら、過度の刺激を受けやすくなる。

以下、さまざまな有志活動について。

- 外で働いていたり、特定のプレッシャーがかかっていたりしなくても、子供の学校やチームのためにおこなう活動は制限すること。理由はあなたの敏感性にある。

・自分が楽しいと思うこと、ほかの親と比べて公平だと思うことだけをおこなうこと。
・あなたが負担に思っていることも、プレッシャーからその仕事を引き受けていることも、誰も理解していない。負担が大きすぎると思ったら、ストレスを避けるためにきちんと断ること。
・有志の活動には、あなたの善意が必要とされていることを思い出してほしい。だがあくまでボランティアなので、手を貸してあげるくらいの気持ちでおこなうこと。
・一見楽しそうに思えても、祭りのブースで終日過ごし、あるいは遠足のあと、自分がどんな気分になるかを考えてほしい。参加する価値はあるかもしれないし、ないかもしれない。
・敏感じゃない人たちは、あなたが負担に感じることでも軽々とこなすことができる。そういうことは、彼らに任せておこう。
・やりたくないことに対しては「いまは、できそうにない」もしくは「しばらく考えさせてほしい。あとでまた連絡する」と言えばいい。

## 時期ごとの社会生活

人生の節目ごとに、社会生活にまつわる浮き沈みがある。乳幼児を持つ親なら、社会からの孤立が問題になることが多い。この時期あなたは、友達、隣人、親戚、母親の支援者グループ、同じ年頃の子供を持つ親たちと集まりたくなるだろう。また、この時期のあなたは、子供とともに、にぎやかな社会集団に属している。そこでは子供や育児に関する議論が交わされることも多く、自然、自分のそれを他者と比較することになる。なかでも親類は、あなたに対して自由に育児論を披露する。育児に関しては誰もが一家言あり、ひとりひとりが異なる子供を育てている。HSの親として、自分がほかの人たちのようにちゃんとできているだろうかなどと考えて、彼らの意見をいちいち深く処理しないようにしてほしい。あなたも、あなたの子供も、個性あるひとりであることを忘れてはいけない。自身と子供のことを一番わかっているのはあなたなのだ。もちろん問題に対処するために、誰かの意見を聞きたい場合もあるだろう。だがその意見が合わなければ、聞き流してほしい。万人に通用する育児など存在しないのだ。

学齢期の子供がいると、社会的義務に直面することが多い。罪悪感のくだりで論じたように、自分のエネルギーに応じて限界を設定してほしい。子供が学校に行っているおかげで以前よりもスタミナに余裕があると感じても、その余ったスタミナは仕事や趣味に費やされるかもしれない。何度も言うが、育児に向いていない人もいるのだ。この時期子供たちは、あなたや、ほかの家族、ともすれば彼ら自身でさえ、異なる存在であるという考えに慣れていくころかもしれない。ぜひこれを、健全な不一致を教える機会だと思ってほしい。人は人生における自分の最優先事項を確立すると、周りがどんなに理想を言い聞かせても、自分の価値観に固執するようになる。

学齢期の子供を持つ母親が自身の経験を話してくれた。

いまの私の大きな問題は、上の娘が友達と毎日遊びたがることだ。私は仕事から帰ったらゆっくりしたい。私のニーズと娘の望みは一致しない。これにはストレスを感じるし、悲しく思う。解決策として、娘は外で友達と毎日遊び、週に一度だけ、友達ひとりを家に招いて室内で遊んでもいいということにした。もちろん、これは娘の望みどおりではないが、彼女はこの取り決めにしたがっている。

別のＨＳの親の話だ。

友達がなかなかできない息子のために、プレイデートをセッティングした。というのも息子はひとりだけ年が離れており、（近所の）ほかの男の子たちはみんな年齢が上だったからだ。やがて数少ないプレイデートで、息子はひとりの友達ができた。しかしプレイデートに疲れた私は、「早く終わらないかな」とそればかり考えていた。息子が大きくなると、息子をその友達の家に預け、二時間後に迎えに行くようになった。この感情を人にどう説明したらいいのかわからなかった。誰も理解できないと思ったのだ。

子供が一〇代になると、社会的義務はわりと簡単に回避できるようになる一方で、子供の友達の親と親しくなって、門限、ドラッグ、アルコール、パーティの内容などについて、意見を一致させておくことが重要になってくる。もし意見が違うなら、その事実はぜひとも知っておくべきだ。しかしこの年頃の子供は、親どうしが会うのを嫌がることがあるため、ほかの親たちと協力して、ゲームやピクニックやハイキングなど、家族で参加できる楽しいイベントを企画するといいかもしれない。

## 教師

人間関係のなかでも、教師とのやりとりはとくに気が重いかもしれない。というのも、彼らは子供の幸せにとってきわめて重要な存在だからだ。あなたが過去に教師とうまくいかなかった経験があればなおさら、教師から過剰な刺激を受けるのではないかと考える。なので、まずは、あなたのなかの教師像に目を向けてみよう。そうしたイメージはあなたの子供時代や、過去にかかわったことのある教師に影響されていることが多い。

あるＨＳの親の話だ。

子供たちが学校へ通うころ、学校を探したり、学校へ通うのに最適な街を探したりすることにもストレスを感じたが、それよりも学校というシステムのなかで人と対面することがとくにストレスだった。人と会うたび、私の敏感性は燃えあがった。まるで顕微鏡で観察されているようで、そそくさとその場を立ち去り、どの会合にも疑念を抱いた。子供の担任と面談したあとは、家の隅にうずくまった。何もかもが自分の手に余るように感じた。

ひょっとすると、あなたは教師を理想化しているのではないだろうか。子供のころの私はそうだったし、いまでもそうだ。教師の仕事はこのうえなく重要だと思っている。が、彼らだって人間だし、まだ年若く（子供のころは、教師は大人で賢く見える）、あなたの理想ほど経験を積んでいない人も多い。あるいは、教師のことがあまり好きではないのかもしれない。教師があなたの敏感性を理解していなかったことが原因で、嫌な思いをたくさんした人もいるだろう。彼らのなかには、教師の仕事に向いていない人もいる。

過去に先生と何があったにしろ、過去の印象は忘れて、これから向き合うべき対等な大人として彼らのことを見てほしい。か弱い子供に同調して自分を頼りなく感じても、あなたは彼らより「下」ではないのだ。また、ある意味そうであったとしても、自分が「上」のようにふるまってもいけない。親として、かりに先生ともめることがあっても、ひとりの対等な大人として対応するよう心がければ、彼らに対する理解は多少なりとも深まるだろう。先生と会ったら、ちょっとした世間話をしてほしい。先生が犬を散歩させている姿を見かけることがあるかもしれないし（飼い主は愛犬のことを話すのが大好きだ）、教室の飾りつけを（とくに感心した箇所があればそれを）褒めてみるのもいい。

ただし、教師が長時間労働であることを忘れてはいけない。そこに親から何らかの要求が加われば、悪夢のような状況になり得る。自分が「そういう親」ではないと知ってほしければ、たとえ手短に済ませるつもりでも（実際に手短に済ますことをお勧めする）、話しかける前に彼らの状況をよく見極めること。また、一生懸命働いている先生に感謝を伝えるのもいい考えだ。これこそ本物の共感である。

いよいよ「本当の会話」をする際は、へりくだることなく（あなたも一生懸命働いている）対等な立場ではじめてほしい。そして、時間を取って話を聞いてくれることに感謝を述べる（あなたがもともと礼儀正しい人であるのは知っているが、緊張するとそうでなくなることがある）。子供の可愛さを物語る不要なエピソードは省略して、先生がわが子を教えるにあたって、役立つ情報のみを伝えること。

ＨＳの親にとってもっともむずかしいのは、教師の力量に疑問を抱いたときだろう。疑念はたいてい、子供から聞いた話で芽生える。できれば先生と一緒に過ごすことで、ことの真意をたしかめるようにしてほしい。あなたの親しみやすさや世間話をする能力を駆使して、相手の警戒心を煽ることなく、それとなくその話題をふってみるといい。先生たちも恥には弱く、とくに生徒の親から自分の無能さを指摘されるのはつらいはずだ。彼らには守るべき評判があり、運営側やほかの親たちによくない噂が広がるのを恐れている。彼らの弱い部分も理解してあげること。わざわざ「恥のボール」を放り投げ、お返しに自分の噂話を広められるのも嫌だろう。

教師に対して本当に懸念があるのなら、同じクラスの子供の親たちと話してみるといいだろう。そのあとで、先生の人格を攻撃しないよう注意して、みんなの懸念として上へ報告する。その際は、クラス内の出来事だという事実を強調すること。該当する教師たちに人を教える資格はないなどと暗に言ってしまうと、運営側も辱めを受けることになる。運営の能力のなさをほのめかしてしまうことにもなるからだ。自分の見たことだけを伝え、あとは彼らに任せればいい。

教師を解雇するのは容易でない。なので、問題のある教師とは距離を置き、あなたの子供より上の学年を教えている先生について調べることで、最終的に子供が問題のある教師のクラスにならないで済むことを確認する、というのが最善の解決策だろう。結局のところ「お客」であるあなたには、こうした発言権があってしかるべきなのだ。要求はするべきではないが、子供がクラスで最善を尽くせるよう提案をするのは構わない。低学年のときからあなたの子供を知っている先生といい関係を築いているなら、あなたの意見を彼らから校長に伝えてくれるかもしれない。

本書は敏感な子を育てるための育児本ではないものの、自分の気質に気づいているあなたは、それが何であれ、子供の気質にも気づいている。子供の気質を理由にするのはいい考えだが、注意してほしいのは、ほとんどの先生が子供の気質について考える訓練を受けていないという点だ。とはいえ、彼らも自分なりの所見を持っている。子供の気質を話し合うときは「子供のなかには、私のように「活発な／静かな／落ち着きがない」子がいることは、もちろんご存知だと思います」と切りだすのが有効だ。そのあとで、行動の観点からあなたの子供の気質を説明し、先生がそれに気づいているかどうかを尋ねる。そこからさまざまな意見を出し合い、先生が理解していない気質の問題を持ちだすことなく、わが子にふさわしい環境を整えていくといい。

子供の個性について考えると、仕事が増えるだけだと思う教師も多い。だから先生には、子供の気質を知ればいいかに教えるのが楽になるか、ということを示さなければならない。もしあなたの子供がひといちばい活発なら、課題を与える前にどうやってエネルギーを発散させるかを伝えてあげると役に立つだろう。

## 医療従事者

医師や看護師などに対しても、過去にさまざまな経験があることと思う。ＨＳＰにとって医療関係者は、とくに強烈な印象を残しているのではないだろうか。しかし、彼らもまたひとりの人間である。ここでも自分が彼らと対等だと思えるような発言をしてほしい。と同時に、彼らは非常に多忙で、患者と話す時間はほとんどない。医師たちのやり方はこうだ。少しだけ世間話をして、すぐに仕事に取りかかる。仕事は迅速かつ果断で、あなたのようにゆっくりと慎重にはおこなわない。ＨＳＰのあなたは、自分やわが子に見られるあらゆる兆候や症状を熟考したうえで、そのすべてを伝えたいと思うが、緊張すると口ごもってしまう。あなたの真剣さを示すために、言いたいことを事前にリストにし、診察室ではメモを取るようにするといいだろう。しかし医療従事者は、患者の質問を二、三聞いたところで止めることがよくある。そして彼らのほうが質問を開始するのだ。たしかに、医師たちに先に質問をしてもらったほうがうまくいくこともある。おしゃべりな患者だと煙たがられないよう注意して、最後に、医師たちが見逃していると思ったことを伝えるといいだろう。

乳幼児を抱えている時期に医療で一番大切なのは、迅速な対応である。いつ何時電話をしても誰かがすぐに駆けつけてくれることである。しかもそれは信頼できる人間でなければならない。彼らは最新の研究に詳しいだろうか？　あなたがきちんと調べることはわかっているが、パートナーに調べてもらったほうがいい場合もある。そうすれば最悪のケースを知って（たいていは取り越し苦労なので）気をもまずに済むからだ。

子供の学齢期にはさまざまな親と知り合うので、彼らにお気に入りの小児科医や専門家を尋ねてみるといい。とくにＨＳの親の意見を参考にしてほしい。ただし、友人に勧められたからといって、あなたもその医者を好きになり、そこに行かなければいけないということはない。それでもひとりで悩んで探すより、労力を節約できるだろう。

あなたの目標は、子供が成長するまでのあいだ、専門家と強固な関係を築くことである。相手があなたのことをよく知っていれば、（敏感性に関する知識の有無にかかわらず）その気質であなたという人物を判断することはないし、子供にも、医療従事者といい関係を築く方法や、予防接種や血液検査の際に取り乱さずにいる方法を教えてくれるだろう。担当医には、子供たちと会話ができ、安心を与えてくれる人物を選んでほしい。

いま述べたことは、すべてあなた自身のケアにも当てはまる。育児の大変さや、身体に及ぼす影響をわかってくれる人を見つけること。担当医にはあなたの敏感な気質を理解してもらうこと。その際は、先ほどあなたの子供について教師に説明した表現を使うといいだろう。「先生がひといちばい［痛みに敏感な／質問が多い／選択肢を熟考する／物忘れがひどくて確認する必要がある］人がいることに気づいているのは存じていますが、私もそのひとりです。また、かなり素直だと思うので、長い目で見れば、先生とって手のかからない患者になると思います」。

## 公共の場で子供の行動が迷惑がられたら

公共の場で知らない人と会うのは、ＨＳの親にとって最悪の状況のひとつかもしれない。思いがけない助言や攻撃に驚き、公共の場ではいっそう萎縮してしまう。子供の行動をいつも抑えることはできないし、子供は泣いたり、騒いだりする。

では、子供のそうした行動に対処する方法を見てみよう。

パートナーや友人などと、定期的に一緒に出かけることがあれば、チームとして事前に子供が騒ぎだしたらどうするかを決めておくといいだろう。もしくは、どちらか一方はまったく関与しないことにしておけば、大人どうしが火に油を注ぐ事態は避けられる。相手があなたほど敏感じゃないほうが、いざというときにフォローが可能なので望ましい。

また、丁寧なものから辛辣なものまで、事前にいろいろなパターンの返答を考えておくといい。「アドバイスありがとう。ちょっと考えてみます」「育児のやり方はいろいろあるし、これが私のやり方です」「いま、そのアドバイスや意見は必要ないと思いますけど」「子供のこと、ちゃんと考えたことあります？」

自分なりにがんばっているときや、助言を求めていないときにいろいろ言われると、たとえそれらが善意からだとしても、明らかに的外れに感じる。彼らはあなたのことも、あなたの子供のことも、直前の状況も知らないのだ。もし他人の意見のせいでぐったりすることが多ければ、真剣に自己主張や自己防衛について学ぶべきかもしれない。通常、こうした訓練はグループでおこなわれるが、書籍やインターネットからも多くを学ぶことができる。以前、短期の女性向け自己防衛訓練クラスに参加したことがある。最初の課題は、隣の人が太ももに手を乗せてきた際にどう対処するか、というシンプルなものだった。あなたはただこう言えばいい。「迷惑なので、触らないでください」。驚いたことに、ほとんどの女性がなかなかこのひと言を言えず、何度も指導を受けなければならなかった。おそらくHSの親として、あなたが言うべきひと言も同じだろう。「迷惑なので、それ以上言わないでください」。

## あなたの敏感性と育児について話す

誰かと育児の話をしていると、あなたの敏感性が話題になることがある。あなたの行動の何かが本当に相手の気に障っているようなら、ひとまず耳を貸してほしい。けれどもし、医師や看護師があなたを心配性だと思っているなら、こう言って自分を守るといい。「私はいま、心配性と大雑把の中間を探っているところなんです。先生たちはいずれのタイプも見たことがあると思いますが、それならもっと情報をください。そうすれば心配も減るはずです」。

もしくはこう切り返してもいい。「私が心配性だと何が心配ですか？」。批判に敏感であることを責められたら「あなたの批判を真剣に受け止めているんです。それはいけないことですか？」。要するに論点は、自分の敏感性の何が相手にとって問題なのかという点で、結論はこうだ。「これは私のような人間の性質で、私は物事を深く考える（「些細なことにも気づく」「すぐに泣く」「子供に同調しやすく、過去にこの能力の恩恵を受けたことがある」）たちなのだ」。

教師はこう言うかもしれない。「あなたは過保護ですね」。まずは、本当に自分が過保護かどうか考えてみてほしい。ＨＳの親は実際に過保護の場合がある。もしそれを言った相手が親子関係に詳しい人なら、貴重な教訓を学べるかもしれない。あなたには、アドバイスを利用して自分を変えられる人であってほしい。

かりに同意できない点があれば、具体的に尋ねるといい。「もし私の態度でおかしなところがあれば、どうぞおっしゃってください。一緒に話し合いましょう」。ただし、自分が正しいと感じたら、実例と事実で自分を守ること。

あなたの育児をずっと見てきた人がいれば、敏感性について話す必要があるかもしれない。だがその前に、まずは相手の反応を考えたほうがいいだろう。親しい人であっても、いきなりそんなことを打ち明けられたら、あなたと自分との違いに戸惑い、距離を感じて拒絶してしまうかもしれない。それに、あなたが自分を特別扱いするよう期待しているみたいに聞こえる可能性もある。かりにそうだとしても、あなたはいずれもっと自信を持てるようになる。まず、彼らにこの件をよく考えてもらうこと。そして相手の好意や頼みを断るときは、それが敏感性と関係ないなら、自分の気質を言い訳にしないよう注意すること。育児サービスを提供する人たちにあなたの気質を伝えておけば、あなたに見合ったサービスを提供してくれるかもしれない。しかしなかには、特別扱いしてほしいがためにそんな作り話をしているのだと言う人もいるだろう。そういう人は、直感を使って見極めてほしい。

教師やほかの親があなたの気質を理解すれば、あなたが彼らにとって助けになることがわかるだろう。敏感なあなたから、彼らが受け取っているものについて例を挙げ、前述した文章に同じように当てはめてみてほしい。「こうして集まっていると、たしかに私はあなたよりもあなたの子供のニーズがわかることが多いけれど、これも敏感性の一部なの」。この人は役に立つから守ってあげなくては、と彼らに思わせるような方法で敏感性について説明するといい。それから自分が彼らに望むことと、望まないことを具体的に伝えるのだ。

所属するグループ全員に、いい意味で特別扱いをしてほしければ、あなたのことを好きで、なおかつ敏感性を理解してくれる外向的な人に、あなたの気質を話してみるといいだろう。きっとほかの仲間にも、あなたのことを好意的に伝えてくれるはずだ。

かりに相手もＨＳなら、気質に関するあなたの話を喜んで聞いてくれるだろう。ただし、敏感性が抱える矛盾を考慮するように。あなたとの会話で相手が、自分は世間の型にはめられすぎている、この性質のせいで身動きが取れなくなっている、と思うかもしれないし、やはり「自分は欠陥品なのだ」と感じるかもしれない。そうじゃない、決めつけないでくれ、と相手が思うなら、もちろんその言葉は受け入れなければならないし、つねに敏感性のいい面を強調していく必要がある。

また、共感や思いやりがないと言われたように感じ、自分が敏感でないことに腹を立てる人もいるかもしれない。そういう人たちにはこう伝えてほしい。敏感性には感覚刺激と、物事をよく考える傾向というふたつの意味がある（その際「深く考える」や「共感性」が高いという言葉は使わないほうがいいだろう）。だけど必要なら誰もが共感できるし、ＨＳＰは過覚醒状態になるとまったく共感できなくなる、と。それでも彼らがあなたとの違いや、その気質を気持ちよく受け入れられないのなら、それはもう仕方がない。

（ＨＳＰでない人への説明用に）要点を簡単にまとめておく。

これは人類の約二〇パーセントに遺伝する正常な生理学的差異で、ほぼすべての高等動物に見られる性質である。私たちは注意深く観察し、小さなことにも気づき、物事に深く感じ入る。

- また「些細なことに気づき、それを論理的に熟考し、そのせいですぐに疲れ、過剰な刺激を受けやすい人」でもある。
- さらに「その違いはかなり深く、あらゆることに影響を及ぼす。私たちは痛み、カフェイン、薬、温度、光、空腹にも敏感で、ひといちばい思慮深く、ゆっくりだが徹底的に学ぶ。そして驚くほど良心的である」。
- 内気や恐怖などに見舞われても、HSPの約三分の二は（大勢の人や見知らぬ人のなかにいるより、少数の友人といるのを好むなど）内にこもることでその刺激を減らすことができる。一方、およそ三分の一のHSPは外向的である。私たちが臆病で怯えていると思われるのは、立ち止まってじっくり観察するからで、この動作が怖がっているように見えるのだ。
- 敏感性について話すときはつぎのことを考慮する。

——その人物が自分と子供の将来にとってどのくらい重要か。

——敏感性について話す時間がどのくらいあるか。

――その人物はどのくらい真剣に話を聞いてくれそうか、あるいはきちんと聞かなければと思っているか。

――どの程度の科学的知識が、あなたの信念を助け、あるいは傷つけるか。

――敬意を払ってくれるのは誰か。ほかの親かもしれないし、教師、親しい友人知人、あるいは私のような研究者かもしれない。

――最初は情報を小出しにし、相手が本格的に興味を示したら、さらに興味をかきたてていく。

――実際、相手はどのくらい興味を抱いているだろうか。相手の微妙な反応を観察しつつ、関心を断ち切らないよう気をつける。相手は忙しいだけかもしれないし、(あなたの話に反応して)無知を露呈したくないだけかもしれないし、ひょっとするとこの話が怖いのかもしれない(とくに多くの男性にとっては)。

## まとめ

子供を持つことで生じる社会的刺激は、ＨＳの親にとって大問題である。これはぜひ覚えておいてほしい。けれど創造的なあなたなら、解決できる。自分に必要なものがわかっているなら毅然としていればいいし、ＨＳＰのあなたは、外交的にそれをこなすだけの十分な能力を備えている。ＨＳの親は制限を設け、やんわりと、しかしはっきりとノーが言えるようにならなければいけない。これは子供に対しても必要なスキルだ。だからさまざまな場面で練習を積み、そのスキルを磨いてほしい。

# 7 敏感な親とそのパートナー

## ――問題とそれに立ち向かう方法

Sensitive Parents and Their Partners: The Issues and Some Tools

私たちはどちらも争いごとが好きではなく、関係は良好だった。いまは子供を授かり、そのせいでぶつかることもあるけれど、私はむしろ幸せを感じている。それこそが私たちを形づくり、私たちという人間を定義してくれるからだ！

この章では一般的な育児の問題と、ＨＳの親が抱える育児の問題を見ていこうと思う。また、問題に取り組むためのツールも紹介するが、使い方はつぎの章で説明する。なぜ二章にわけるのか？　すべての親に言えることだが、とくにＨＳＰには強い関係性が必要で、それなのに、子供が生まれるとふたりの関係性がうまくいかなくなることがあるからだ。これまで多くのＨＳＰが「子供ふたりも面倒を見られない」とか「敏感性のせいで育児が大変だってことを、パートナーはわかろうとしてくれない」と訴えるのを耳にしてきた。こうした関係はたいてい終わる。

本章の内容が当てはまらなければ、おめでとう、これで読了だ。しかし当てはまりそうなら、このまま読み進めてほしい。

## 新たな挑戦と新たな機会

親になれば、誰もが新たな挑戦に直面する。残念ながら、子供ができるとたいていのカップルがふたりの関係に満足しなくなる。ただし、私たちの調査によると、とくにＨＳの親にその傾向が顕著なわけではない。彼らは、ふたりの関係についておこなった私たちの調査に対して、平均的な親と同じように答えている。ふたりの関係にどれだけ幸福を感じているか。パートナーはいい親か。パートナーはあなたをいい親だと思っているか。自分たちの育児に失望していないか。個人的に、ＨＳの親はいくつかの点で平均的な親より優れているのではないかと思っている。というのも、私たちは共感力、直感力がひといちばい強く、良心的であるからだ。

ふたりの関係を改善するために必要な知識は「The Highly Sensitive Person in Love」（『ひといちばい敏感なあなたが人を愛するとき――ＨＳＰ気質と恋愛』、青春出版社、二〇二〇）を読んでもらえればわかると思うが、子供がいるとその関係は絶えず変化する。なので、ここでは親になり、これまで以上に深く強固な関係を築いていく、という点に着目したいと思う。

本章の内容はまた、リック・ハンソン、ジャン・ハンソン、リッキー・ポリコーブの『マザー・ナーチャー』の最後の三章を参考にしており、これは非常にお勧めの本である（ただし、ＨＳＰや父親を対象に書かれたものではない）。

## 五つの大きな問題

育児中のカップルを悩ます大問題が少なくとも五つあるが、ＨＳの親はとくに悩まされる。とはいえ、心配は無用だ。それらの問題を説明し、本章と次章で解決策を示していく。

### 問題一・意地悪になる場面が増える

私は結婚生活にストレスを感じていた。幼いころの娘たちはとにかく私と一緒にいたがり、それを母乳で育てたせいだと非難する夫が、ふたりを早くひとり立ちさせろと主張していたからだ。自立を迫る夫のいらだちは日に日に増し、娘たちは（当然ながら）ますます私から離れなくなった。ある晩私は、幼い娘が足に絡みついている状態で、熱湯にスパゲッティを入れていた。私は疲れ果てていた。やがて夫が帰宅し、一緒に遊ぼうと娘を誘った。ところが娘はこう言ったのだ。「いや。パパ、会社に戻ったら？」。するといつもは穏やかな夫が私を怒鳴りつけた。「まさに『愛着育児』の成果だな！」。そして大きな音を立ててドアを閉めると、外へ出て行ってしまった。
どうやってこの事態を乗り越えたのか？　たぶん、離婚する気力もなかったのだろう。いまは五歳と九歳の娘とともに、円満で幸せな暮らしを送っている。私たち家族にそんな過去があったとは、きっと誰も想像しないだろう。

新たなストレス要因によって、あなたとあなたのパートナーは（ＨＳであれ、非ＨＳであれ）いらいらして以前より口調がきつくなっているかもしれない。その状態を好ましいと思う人はいないが、とくにＨＳの親は、不穏な空気を察し、やめなければと思いながら、余計に苦しむことがある。そしてたいていどちらか一方が、そうした空気を醸しだす。たとえばあなたは疲れ果て、育児を大変だと思っているかもしれない。さらにＨＳＰは、相手の行動の嫌なところを含め、あらゆることによく気づくため、どうしても批判的になってしまう。最悪なのは、相手がＨＳＰでない場合、あなたが何をしても平然としていて、いつも「ガミガミ」言うのがあなたになってしまうことだ。

### 問題二：失望と密かな怒り

失望と怒りは、あらゆる関係にしこりを残す。そして育児は、古い怒りを復活させ、新たな失望を生みだす。くり返すが、ＨＳＰはひといちばい感じやすく、その感情を深く処理する。

HSの親として、あなたは声をあげるのが苦手で、誰にでも親切にしたいと願い、重い話題で過度な刺激を受けるのを恐れているかもしれない。あなたのなかで人よりも失望や怒りがくすぶるのには、少なくともふたつの理由がある。

あなたのパートナーが敏感な性質でなければ、その失望は以前より大きくなるかもしれない。相手がもっと子供に寄り添ってくれれば、いつも自分が最初に問題に気づいて行動しなくて済むし、相手から気のせいだと言われることもない。もっと最悪なのは、育児のあれこれに一喜一憂し、子供を育てるという責任を重く受け止めるあなたのようすに相手が気づかないことだろう。ほかにも、物事の結果がどうなるか、あなたは直感でわかっているのに、それを信じてもらえないときにも怒りを覚える可能性がある。こちらの言い分がくつがえされ、そのせいで結局物事がうまくいかないと、自分の言い分が無視されたことにも、パートナーに対しても腹が立つ。

大きな例で言えば、子供を持つかどうか（ひとりめでも、ふたりめでも）を決めるときがそうだ。通常、親のどちらか一方がより子供を持つことに熱心である。かりにあなたが消極的だったなら、現在の育児状況について怒りを覚えるだろう。また、あなたはふたりめが欲しかったのに断念することになったら、それが一生しこりとなって残る可能性がある。出産についてはどうか。おそらく人よりも動揺は大きいはずだ。あなたが母親なら、妊娠初期の不安定期、あるいは流産した場合、パートナーが示す思いやりよりも、もっと多くの心の支えが必要だと感じるだろう。出産は誰にとってもストレスが大きいが、あなたにとってはとくにそうで、満足に助けてくれなかったり、自分の希望をかなえてくれなかったりするパートナーにいらだってしまうかもしれない。

出産はしなくとも、ＨＳの親が出産に立ち会う場合、パートナーである妊婦が担当医や助産師に頼り切っていたら、自分は除外され、忘れ去られたと感じるかもしれない。やがて母親が子供の面倒にかかりきりになると、ここでも疎外感を覚える可能性がある。そして多くの場合、義理の母親が子育てに参加することになり、そうなると自分は透明人間になったような気分になる。こうした失望にきちんと向き合うまで、ふたりの関係はよくならないし、怒りも消えないだろう。

**問題三：育児に関する同意**

私ががっかりしたのは、夫が子供の欠点を私のせいだと思っていることだ――子供がすぐに泣くのは、私が子供を甘やかし、子供に対して辛抱強く接したせいだ、と。

以下、ＨＳの父親の話だ。

夜、妻と私はそれぞれの方法で子供たちと接する。ふたりの子どもを別々にして、ＨＳ

Cじゃないほうを妻が寝かせ、HSCの娘の面倒を私が見ることがあるのだが、そういうとき私はHSの娘にいろいろな経験をさせようと、お菓子を食べながら夜更かしさせた。一緒に本やカードを眺めながら、きっと娘は誰にも邪魔されないこうした時間にほっとしているだろうと思った。しかし一方で、私は妻のようにお決まりのルーティンや適切な入眠時間を定めていなかった。

もし娘が癇癪《かんしゃく》を起こしそうになったら、長々と不満を聞かされるのに耐えられない私は、きっと妻よりも早く娘の好きにさせるだろう。

自閉症の子供を抱える母親の話。

元夫も、新しいパートナーも(どちらも非HSP)、感情的にも物理的にもあまり子供の影響を受けない。とくに感覚的なものに対して、後先をよく考えたり結びつけて考えたりすることをしない。自分で嫌なことが伝えられない子供のことを、彼らは私ほど理解していないように思う。

状況に対する理解が大きく異なる人間どうしがいい関係を築くのは、そもそも困難なのかもしれない。

育児中のカップルは、お互い納得できる哲学と、ふたりで選んだ決断にしたがって日々の育児に勤しまなければならない。哲学は価値観からはじまる。子供にどんな大人になってほしいか？　性格のいい人？　成功した人？　自信家？　好奇心旺盛？　寛大で愛情深い人？　どこにでも溶けこめる人？　自立心が強い人？　勉強家？　賢い人？　創造的？　スピリチュアル？　伝統文化にしたがう人？

ＨＳの親として、あなたはパートナーよりも、こうした子供の将来について深く考えており、それはすなわち、パートナーにはない意識的な哲学があるということかもしれない。それでも、相手の考えをたしかめないで先へ進むべきではないし、あなたが必ずしも正しいとはかぎらない。ふたりの意見が激しく対立する可能性もある。さまざまなことを深く考えるあなたは、他者の見解に納得できず、場合によってはまったく非合理に思えることもあるだろう。

**問題四　仕事を分担する**

非ＨＳＰの夫ははじめ、私が役割の全部はこなせないことや、定期的に休息や気晴らしが必要なことに戸惑っていた。実際、いまでもそうした時間は必要だ。しかし私は、自分にできないときでも、夫にはできることを知っている。夫は子供に安定感をもたらしてくれる。もし、私のように同調力が高く熟考タイプの人間しか知らなければ、きっと子供は生きにくさを感じただろう。

子育ては、とても大変な仕事だ。親たちは誰がどの仕事をするべきか、公平な労力を求めて衝突することも多い。家庭ごとに自分の担当している家事の割合を尋ねると、いつもその合計が一〇〇を超えることを私は経験から知っている。相手のしてくれたことはいとも簡単に見逃してしまうのだ。大半の研究は、男性よりも女性のほうが（共働きでも）家事や子育てに従事している割合が高いことを示している。そしてＨＳの親は、男性でも女性でも、さらに家事や子育てに労力を使っていることだろう。彼らはとても良心的だ。混沌とした状況に弱く、物事を整理しておかなければ気がすまない。概して子供たちを注意深く見守り、子供のニーズに真っ先に気がついて行動する。また、多くのＨＳの親は自分の権利を主張せず、争うくらいなら自分の仕事が増えたほうがましだと思っている。

一方で、すぐに刺激を受けて疲れてしまう自分は、パートナーほど仕事ができないと感じている。

抑制された最大の怒りは、誰も進んでやろうとは思わない骨の折れる家事労働と、子供の世話の楽しくない部分を割り当てられたことにあるかもしれない。相手に「自分は外で仕事をして稼いでいる」と言われても、割に合わない。外に出てお金を稼ぐことは、面倒くさくもなければ、孤独でもないし、社会的アイデンティティを失うこともないからだ。そして週末になれば、働く親は「子供と遊んでやる」。それはいいとしても、では、その他の面倒な仕事は誰がやるのか。
ちなみに、誰かが一方的に家事を負担するという状況を子供たちに見せるのもいいことではない。

## 問題五．親密さを維持する

子供を持つことで、ふたりの親密な時間が減るのは間違いないし、親密さの質自体も変わっていくだろう。子供を授かったあとは、ともに仕事に取り組み、家族の時間を持ち、問題に対処するために話し合い、あるいは子供が大きくなって出ていったあとのことを考えることが、親密さを育むことになるかもしれない。しかし親密さの喪失、物理的喪失に敏感なＨＳの親は、おそらくこれ以上のものが必要になる。私たちの調査によると、彼らは一般的に深い会話を好む。深い会話はなくならないにしても、そのうち話題が子供の問題ばかりになると、あなたは物足りなさを感じるようになるかもしれない。

たしかにやるべきことを考えたら、親密さの問題は後回しにすべきだと思うだろう。しかし、子供が生まれる前のふたりの関係がどれほど恋しいか、胸に手を当てて考えてみてほしい。そしてどちらか一方でも寂しさを感じているなら、ふたりの時間を優先させてほしい。たとえ大きくすれ違っていても、状況はいまからでも改善できる。

## 見落とされがちな感情

五つの問題に取り組む前に、こうした困難が生じる状況を見ていこう。「失望と怒り」のくだりと重複する部分もあるが、さらに大きな視野で見ていきたい。赤ん坊が生まれたとき、そして子育て全般を通じて、両親は強い感情（ＨＳならより強い感情）を抱く。そしてこれが、五つの問題の原因となることがある。

まず、母親が完全に変わる。とくにＨＳであればなおさらだ。小さなわが子を見るなり恋に落ちる。そして物理的なつながりを感じ、子供が自立するまでは決して離れず、その後もずっと彼らを愛し、気にかけつづけていく。母親特有の感情はすべて（出産や育児にともなう身体の変化を含めて）一連の大きな変化によって彩色される。しかし誰もが（とくに最近の女性は）こうした変化を覚悟しているわけではなく、ショックを受ける場合もあるだろう。さらに、仕事を離れ「母親」という肩書だけになると社会的アイデンティティが変わり、たいていの文化において、その肩書は「普通の」仕事ほど尊敬されない。

ここでもうひとりの親（一般的には父親）について述べていきたい。彼らの感情はあまり理解されておらず、ＨＳの場合はとくにそうだ。ちなみに、いま述べている問題は同性のカップルのあいだでも起こり得るし、感情は、それぞれの性格や育児で果たす役割によっても異なる。ここでいう「父親」は、いずれかの親が果たす役割という意味で使用する。

ある父親の話だ。

実際のところ、父親も母親と同じ感情――喜び、痛み、不安など――を数多く抱いている。父親として、母親とは違うことを心配するかもしれない。何を気にかけるかは親によって異なるが、大半の父親は、とくにＨＳの父親は、母親と同じように子供の幸せを考えているだろう。そしてひとりの若い男から、友人よりも家庭や子供と結びついた人間になったと、自分のアイデンティティについても大きな変化を感じている。かりに自分のことを有望なミュージシャン、才能ある芸術家、スケートボードのチャンピオンだと自称していても、父親の自覚もちゃんとある。そして生活費を稼ぐため、趣味は二の次になる。

ＨＳの父親がその家の稼ぎ頭だとしたら、子供と家で過ごしたい気持ちを押し殺して、もっと働かなければと思うだろう。もちろん母親が稼ぎ頭の場合もあるが、その場合、一般的に女性のほうがこの葛藤は強くなる。それでもやはり、仕事に出ているＨＳの父親は子供の生活にかかわれないことに悩み、職場から疲れて帰ってくる。

父親は、母親として立派に仕事をこなすパートナーに感銘を受け、また、彼女が自分を父親にしてくれたことに深く感謝するだろう。一方で、パートナーを変えてしまった疲労や、うつ、健康問題にも気がついている。だから助けようと思うのだが、いらだった声で反論されると、自分の無力さを感じ、努力しようという気が失せてしまう。何より彼女の人生の中心が子供になったいま、自分は彼女にとってあまり重要ではないように思えてくる。そして以前よりもロマンチックなムードはなくなり、明らかに頻度も減っていく。つまり、相手が自分よりも子供を愛していることを痛感するのだ。

また、HSの男性は、ちょっとした工夫で作業能率をあげられる自分に誇りを持っていることが多い。だから育児や家事で、手慣れた妻ほどうまくできないと落ちこむことがある。そして妻に意見されると、それを批判のように感じる。「偉そう」に思えてしまうのだ。妻の口調がきついのは、急いでいるうえに、それくらいすぐにやってほしいと思っているからだと理解できても、やはり気分はよくない。

HSの父親は、こうした状況でも冷静でいたいと思っているだろう。だが、心にはぐさりと刺さるものがある。もし父親が黙りこんだら、内に怒りをためている可能性がある。一方で言葉にする場合は、気をつけないと相手の恨みを買うことになる。

いずれの親にも、子育てのステージごとに見逃されがちな感情があるが、子供が学齢期に達すると新たな問題が持ちあがる。そしてここでも、余裕のない親たちは表面的な感情や気分の下にあるものを見逃してしまう。たとえば時間ができたらどうするか、お互い口には出さない夢があるとする――ひとりは仕事をはじめ、ひとりは穏やかな日々を過ごしたいと思っている。だがこの時期は、先生やほかの親たちとの交流が増え、誰がそれに対応するのか、ふたりで事にあたらなければいけないのか、そういう場にはどういう気持ちで臨むべきなのかなど、さまざまな疑問も生じる。また、学校、関係者、育児の価値観（マナー、家事、テレビやコンピュータの使用時間、ソーシャルメディア、子供や親が決定権を持つのはどの状況かなど）に関する問題も山積みだ。こうしたすべてのことが、ふたりだけでは対処しきれない感情を生む。

ふたりで育児をうまくこなしていると思っている場合でも、やがて思春期がやってくる。思春期の子供の脳がよく考えもせずに危険を冒しはじめたり、子供の抱えている問題がやがて将来を脅かすほど大きなものになったりすると、育児における緊急事態が頻発する。一〇代の自分を思い出して、さまざまな記憶に襲われるかもしれない。またその年頃の子供は、親を切り離したり、支配したりする可能性もある。

五つの基本的な問題と、見逃されがちな感情を見直したところで、さっそく関係性の改善に取り組んでいきたい。

## コミュニケーションスキルを取り戻し、強化する

人生においてここまでの関係性をつくってきたあなたには、ある程度のスキルがあるはずだ。とはいえ、コミュニケーションスキルが第二の天性でないかぎり、育児の刺激に埋もれてしまう可能性がある。いまこそ、そのスキルを取り戻そう。

## 共感を与えて受け取る――育児という未知の世界で

まずは、あなたに備わった共感性からはじめよう。ＨＳＰはとくに共感力が高い。それでも多忙をきわめたり、過剰な刺激を受けたり、パートナーの内外で起こっていることに気づかなかったりする場合がある。ある種の感情には気づいたとしても、前述したような、心理的背景に気づかないこともある。当時の関係性をふり返り、どんな感情を抱いていたか、そしていまも抱いているかを確認してみてほしい。

アクティブ・リスニング。真剣に耳を傾けることは、単にパートナーへのねぎらいではなく、相手の基本的なニーズを満たすことである。誰もが好きな相手には自分のことを理解してほしいと思うし、つらい時期ならなおさらだ。気づいてもらえない、わかってもらえないと感じているパートナーに、それは魔法のような効果をもたらし、何よりの（おそらく散らかったレゴを片づけることのつぎに）贈り物となる。

すでに（直感的な経験から）知っていると思うが、きちんと聞くというのは、相手の話をただ黙って聞けばいいというものではない。

聞いている姿勢を示す方法は、つぎのリストに記したとおりである。誰かにこのリストを見てもらいながら練習し、感想を言ってもらうといい。毎回すべての項目を網羅する必要はないが、多く取り入れるほどいい聞き手になれるだろう。

**やるべきこと**

- **示された感情だけに寄り添って気持ちを述べる。**「それはさぞつらいでしょうね」。
- **言葉だけでなく態度でも興味があることを示す。**前のめりになって相手を見つめ、重要な話が出たら、たとえ何をしていても手を止めること。
- **理解を示すためにたとえを使う。**「孤児になったみたいな気分だったんだね」。言葉で気持ちを表すには、たとえを使うのがわかりやすい場合が多い。
- **失敗してもくよくよしない。**もし相手に「孤児どころじゃないよ。死んでいるも同然だった」と返されたら、すぐに切り替え、正しさよりも助けたいという姿勢を示すこと。
- **相手が全部を話していないと感じたら「ほかには？」と促してみる。**とくに男性は、弱音を吐くのを怖がる場合があるので、興味を示し、穏やかな表情をつくり、笑顔を浮かべるなどして安心感を与えてほしい。なかには本当に自分の気持ちがわからず、ＨＳＰよりも話すのに時間がかかる人もいる。

**控えるべきこと**

- **質問は最小限にする（ただし「ほかには？」は別）。**どうしてもわからない部分だけ質問するようにしてほしい。相手の感情（「それでどう思った？」など）に関する質問であってもそれほど役に立たないし、質問のせいで気が散って、抱くべき感情に気づけなくなる可能性がある。質問が有効な状況もあるが、この場合はそうではない。

- **相手の気持ちを推し量るような発言をしない。**「罪悪感を覚える必要なんてないよ」など。
- **自分の経験を持ちださない。**「同じ経験をしたことがあるからわかるけど、うしろめたさを感じたって意味ないよ」など。
- **自分の感情を表す際には気をつける。**「それはお気の毒に」と言う場合でも注意が必要だ。会話が横道にそれる恐れがある。耳を傾けるというその態度だけで、相手はあなたの共感や同情に気づくこともある。
- アドバイスをしてはいけない。少なくとも状況を完全に理解して、相手から意見を求められるまでは。
- 論理的なことを言わない。「たしかに親の離婚は、人生に多大な影響を与えるよね」など。
- 決まり文句を避ける。「時間が傷を癒す」とか「人生はつらいものだ」という一般論は必要ない。

自分の「名案」に注意してほしい。聞き手として、ＨＳの親の最大の障壁は、自分はもう答えを知っている、もしくは適切な質問をしさえすれば答えを得られると思っていることだ。直感を先走らせないようにしてほしい。そして相手の思考や感情を心から理解できるまで、純粋な共感力を発揮してほしい。ちょっとした知識に基づいた洞察を披露すれば、相手は拙速に同意するか、もしくはあなたが理解していないと憤慨する可能性がある。きちんと聞くということは、問題の複雑さを理解するということだ。たとえ助言できると思っても、先に耳を傾ける行為によって、相手に「あなたの話をきちんと聞かなければ」とこちらが思っていることを示せる。そのあとで「私たち」として一緒に考え、お互いの考えを検討すればいい。

きっと完璧にはこなせないだろう。私は普段、自分を優秀なセラピストだと思っているが、ときどき、敏感に聞く能力ではなく、敏感な直感力を使っていることに気づいてぞっとすることがある。私はこれを「多肢選択」と呼んでいるが、たとえば夜、子供をようやく寝かせた母親にこう尋ねる。「いまどんな気持ちですか？　きっとうれしいでしょうね？　でもまた同じようにできるか不安なんじゃないですか？　こんなに長時間かかるなんて悲しいですもんね？」。そこで気づくが、もう遅い。母親には自分の気持ちを語るタイミングがまったくなかったのだ。アクティブ・リスニングは、重要である。

口を挟まずじっくり聞く行為は、あまり敏感じゃない相手に対してとくに有効かもしれない。夫の話を聞いていると、彼が何気なく口にする言葉のなかに「それがポイントなのでは？」と思うことがよく含まれている。だから私はそれを指摘してあげればいい。「だから、その決断に悩んでいるんでしょう？」と言うと、「たぶん、そうだと思う。ぼくは……」とつづき、そこで問題が明らかになり、彼が着目すべき点が判明することが多い。しかし、私の直感に「頼り」すぎてはいけない。夫の奥底に隠された感情や洞察といった宝物が、本人の手で掘り返されたときにこそ、ふたりともに充実感を得られるのだ。

## 怒りに対処する

ときには、パートナーをそれほど思いやれないこともある。腹が立ったり、いらだったりしていたら、苦々しくさえ思うだろう。なので優しく耳を傾ける前に、まずはあなたの気持ちを話すべきかもしれない。おそらく自分の気持ちを話すほうが、より共感力を必要とすることに気づくだろう。すべての怒りを解消できなくとも、あなたのスキルを駆使すればきっと関係は改善していく。カップルの衝突に関する優れたツールがインターネット上にいろいろあるが、ここではＨＳＰ用に少し補足していきたい。

**パートナーがあまり敏感でない場合。** 怒りについて話す前に、ひといちばい敏感であることの価値をいま一度思い出してみてほしい。というのも、ＨＳＰが世間一般の八〇パーセントの親よりも子育てに苦労するという事実を（私たちの調査結果などから）知ったあなたは、パートナーとのあいだに新たな、そして大きな問題を見出す可能性があるからだ。親になったことで、あなたの敏感さの欠点、すぐに過剰な刺激を受けるという性質が顕著になったかもしれない。

だが、これ以外にもふたりの関係に影響を与えたものを考えてみてほしい。たとえば誠実さや、ふたりの関係に必要な感性など。あるいは子供と接しながら自分の同調力や創造力に気づくかもしれないし、慎重さゆえの賢い決断や育児に関する深い洞察は、きっと人生を豊かにしてくれる。自分の価値や知恵を信じなければ、衝突が起きたときに、きっと諦めてしまうだろう。だが諦めるのではなく、その敏感性でパートナーのニーズを満たしつつ、説得力のある意見をぶつけてほしい。

問題が何であれ、あなたから切りだす必要がある場合がほとんどだろう。あまりに直接的だと過覚醒状態になって、感情が高ぶるかもしれないが、真正面から向き合うことは不可欠だし、親であるならなおさらだ。話し合うべきことは多く、あなたの意見や、どれを優先させるべきかというＨＳＰの感覚が重要になってくる。だから、たとえ過覚醒レベルが上がっても、どうか気持ちを落ち着け、堂々としていてほしい。気持ちが楽になるなら、パートナーを子供のひとりとみなしてみるのもいい。きっと子供の扱いには慣れているだろう。まずは頭のなかでやり取りを想像し、自分の意見の根拠となるものや、パートナーの言いそうなことにどう返すべきかを、何度もシミュレーションしてみてほしい。

一方で、ＨＳの親のなかには、対立を避ける気がなく、あまり敏感でないパートナーやほかの人間の過ちから子供を守ろうとして、真っ向から立ち向かっていく人もいる（２３１ページ「穏やかに切りだす」参照）。もしあなたがそういう状態になったら、気持ちを落ち着けて、堂々と構えていてほしい。物事を深く処理し、些細なことにも気づく性質を備えたあなたは、自分が傷ついた経験から、相手の傷つけ方を百も承知している。しかしそれでは信頼を失うだけだし、ひょっとすると離婚にいたるかもしれない。認めるべき点は認めること。「あなたにもいろいろ思うところがあるのは知っている」「たしかに娘の宿題も問題だと思う」など。ただしそれでも自分が正しいと思う点があれば、それを譲る必要はない。

「あなた」や「私」ではなく、「私たち」と言うようにしてほしい。育児をするふたりの目指すところはチームワークだ。「一緒ならもっとうまくできる」と言えれば、恥は軽減するだろう。チームから孤立したい人も、非難されたい人もいない。チームワークには外交も必要だ。「あの子がまたルールを破って今夜出かけることも心配だけど、あなたの言うとおり、あの子とは学校の課題についても話さないといけないね。明日の夕食後、あの子が部屋に引きあげる前に話してみよう」。パートナーの話が脱線しても、その話をおざなりにしてはいけない。敬意を示すこと。自分も敬意がほしければ、これがたいてい最善の方法だ。しかし、あなたの意見も手放してはいけない。それがHSPのあなたにとってどれほどむずかしくても、正面から向き合って、厳しい反論や非難に対する恐怖をコントロールしてほしい。チームプレーヤーは耳を傾けると同時に、チームを改善するための努力もつづけなければならないのだ。

HSの親のなかには、敏感でないパートナーとのやり取りは、メールでしたほうがいいと考えている人もいる。メールなら考える時間があるし、適切な反応を返すことができるからだ。

また、面と向かって謝るのがむずかしいときにも役に立つ。あるカップルはふたりの口論を録音し、あとで聞き返すという。たしかにこれらは衝突で生じる過剰刺激を減らす手段ではあるが、実際のコミュニケーション（しぐさや声のトーンなどからお互いの感情を汲み取るコミュニケーション）の代わりにするべきではないだろう。

敏感な人とそうでない人の組み合わせは、ベストチームになりにくい。ふたりの関係や育児に関して、それぞれが大切なポイントを持っている。だがこれは、敏感でないパートナーがいることの利点でもあり、これについては拙著『ひといちばい敏感なあなたが人を愛するとき』で論じている。どうかお互いを異なる存在として受け入れ、そこから得られるものに感謝し、失うものを悲しんでほしい。気質のせいで変えることのできない行動にお互いが目くじらを立てなくなったら、衝突を解決する糸口が見つけられるだろう。

**ふたりともHSPの場合。**ＨＳのパートナーがいる場合、その利点はいっそう明白で、ぶつかることも少ない。が、どちらも優しくありたい一方で、どちらにも休息時間が必要になる。これが第一の関門だ。外で働いてきた人と、家で子供の面倒を見ていた人、どちらにより休息が必要だろう？　共働きの場合は？　また、どちらも子育てに関して譲れない考えがあって、子供の将来に関して異なる直感が働くかもしれない。

自分の気質に相反する感情を抱いている場合、お互いを比べて、密かに相手のことを見下したり、とくにふたりとも内向的だと、こうした気質が子供に悪影響をおよぼさないかと心配になったりするかもしれない。ピクニック、お祭り、スポーツ大会のような忙しい学校行事に参加するのをどちらも好まず、先生やほかの親から変わり者だと思われて、それが子供の立場に影響を与えるのではと心配になる場合もある。また意義のある仕事に従事したいＨＳＰは、可処分所得が少なく、割に合わない場合もある。こうしたことが積み重なって、「家族の自尊心」が低くなっていく。

これまで衝突を避けてきたふたりには、長年の怒りや、育児を通じて否応なく向き合わざるを得ないスタイルや価値観の違いが降り積もっているかもしれない。これは文化が異なればなおさらだし、低所得者階級と中流階級などの違いであっても当てはまる。育児はたしかに重要だとはいえ、これまで認められてきた文化的違いが、この問題に関してだけ急変することがある。これはたいてい自分たち以外の家族からのプレッシャーによるところが大きい。

## 衝突を解決するためのスキル

1. ジョン・ゴットマン流に「穏やかに切りだす」。ゴットマンは、何百組ものカップルを観察しながら、会話中の彼らの心理状態を測定した。そして男性（おそらくＨＳＰ）は、相手から「ねえ、ちゃんと話しましょう」と言われると、極度の過覚醒状態、つまり恐怖を感じることがわかった。どんな話をするにしろ、まずは温かな雰囲気を醸すことからはじめるといいだろう。本当に感謝していることを（相手を操ろうとするのではなく）素直に伝えるのだ。また、「体調は大丈夫？」など、相手を気遣うような質問をしてもいい。そして本題を切りだす際は、ユーモアを交えること。

2．**議論が長引いたときは、自分を守る時間と空間を見つける。**自然のなかに身を置くといいだろう。とくにＨＳＰにとって自然は、今後の見通しや「猶予」を与えてくれる。

3．**諦めない。**相手が話し合いの必要を感じていなくても、あなたは妥協せず、それについてその場で話すか、改めて話し合う時間を設けてほしい。自分を甘やかすことなく、「忘れずに」きちんと話し合うこと。

4．**どんな問題も具体的に伝える。**「些細なことかもしれないけど、昨夜あなたが帰ってきたときのことがどうしても気になって」。間違っても「もうあなたとつながりを感じられない」といった、論理の飛躍をしないこと。また「あなたって、いつもそうだよね」と、過去の行動を漠然と議論するのもよくない。目を向けるべきは、過去ではなく未来である。

5．**中傷や決めつけを許さない。**これも具体性を失う原因になる。「強迫観念が強すぎる」「本当にだらしないんだから」「親の顔が見てみたい」「どうしようもない人間だ」。

6．**どちらかが過覚醒になったら、休息の重要性を思い出す。**脈拍数が一〇〇を超えたら、回復まで少なくとも二〇分は休息が必要だ。ただし、その場を去るだけでなく、議論の再開時間を決めておくこと。

## 「恥」対ニーズ

穏やかに切りだせば、突然襲ってくる恥という恐怖をうまく避けることができる。恥について、前章で私が語ったことを思い出してほしい。恥を避けるためなら私たちはなんだってする。パートナーはお互いの失敗や欠点に関する専門家であり、そうした失敗や欠点とともに生きている。あなたが口論を開始したら、おそらく相手は口論そのものだけでなく、あなたが暴く自分の欠点や触れられたくない問題に直面するのを避けるためにも撤退しようとするだろう。これが恥の問題ではないことをまずははっきりさせることが重要だ。「あなただけじゃなく、私も同じことをした」「これはたぶん人間の性《さが》で、よくあることだし、あなただけのせいじゃないかもしれない。ただ、あなたの行動で……」。相手が守りに入ったら、一歩引いて安心させてあげること。

現状に満足しているパートナーは、あなたからの提案を拒むことがある。あなたのほうが多く負担していたら、相手は平等を求めたりはしないだろう。だがこうした場合でも、直接非難するよりも、どうしてそれが必要なのかを説明すればうまくいく場合がある。まず相手のニーズを話し合ってから本題に入るといいだろう。これは5章で紹介した、マーシャル・ローゼンバーグの「非暴力コミュニケーション」の原則で、非常にお勧めの方法だ。私たちは誰もが人間の基本的欲求に支配されている。安全、自律、愛、敬意、そして恥を避けること。それがどんなに腹立たしい行動であっても、その裏にはニーズがある。

ではどうやってそのニーズを見つければいいだろう。それには練習が必要だが、ひとまず要点を説明しようと思う。たとえば「帰宅してすぐにメールチェックをするのは、私と接するより先に仕事を終わらせたいから？」と尋ねるのは、あなたがパートナーのニーズを知ろうという姿勢を示している。ただし、あなたがいつものように怒るのではなく、そう質問したことに相手が驚き、あるいはそのニーズを口頭でどう説明したらいいかわからずに戸惑う可能性もあるので、それも考慮したうえで慎重に相手のニーズを読み取ってほしい。「ぼくがメールをすることに文句を言わないでほしい」とか「君だってするじゃないか」という答えは、ニーズを表す言葉ではない。「どうしても送らないといけないから」という反応であれば、おそらく近づいている。では、急ぎの理由は？　突きつめていくと、結局相手は、職場と家庭の切り替えがうまくできないだけかもしれない。あなたのパートナーは（そして誰もが）安全な関係を求めている。パートナーは職場で敬意を払われているかどうか不安に感じているかもしれないし、ミスをして怒られるのが怖いのかもしれない。あるいは家事をやっても敬意を払われていないと感じているかもしれない。誰もが敬意を必要としているし、失敗や批判を恐れている。どうか優しく相手のニーズを理解し、共感を示してあげてほしい。あなたなら本当のニーズを汲んで、聞き届けてあげられるはずだ。

慢性的な非協力の底には、自律性、もしくはひとりの人間として敬意を払われたいというニーズが潜んでいることが多い。求めているのは、脅したり褒めたりすることであなたの思いどおりに動くパートナーではなく、みずからの意思で、たとえ家庭が混乱しても、温かく愛情を注いでくれるパートナーである。その一員になることは、人間の基本的欲求だ。と同時に、自立した存在でありたいというのもまた、ひとつの欲求である。指図されたり、脅されたり、買収されたりしたい人はいない。むしろ惜しげなく与えたいと思うだろう。

相手が話を聞いてもらって満足しているようなら、今度はあなたの基本的欲求を伝える番だ。ただし「手伝ってよ」ではなく「この時間は夕飯作りと子供の世話で大変だから手伝ってもらえる?」という言い方をするといいだろう。いずれにしてもあなたには助けが必要なのだ。それからお互いのニーズを満たす方法を模索する。たとえばパートナーが帰宅してから一〇分は仕事関連の作業をしてもいいが(タイマーをかけてもいい)そのあとは、子供が寝るまで世話をしてもらう、など。

衝突を避けるもうひとつの方法は、自分にいま何があれば幸せかを考え、可能なら、パートナーが愛のしるしとしてあなたの望みを叶えようとしている、と考えてみることだ。ただし、相手への気遣いがみられない言い方だと、相手を身構えさせる不平や要求に聞こえる可能性がある。たとえばあなたが「長時間家でひとりだったから、つながりや触れ合いがほしい」と伝えたとする。もしその要望が叶えられなくても、相手を責めるのではなく、相手の状況を尋ね、その二ーズを探ってみてほしい。共感を示してほしいのだ。そこで相手を罵倒したりすれば、あなたの二ーズは相手に対する敬意からではなく、コントロールしたいという欲求から生じたものということになる。

パートナーはこう答える。「ぼくも君とつながりを持ちたいけど、やることをやってからじゃないと無理だ」。これで互いの要求は明らかになった。あとは妥協点を探ればいい。

どこかの時点で、どうしても身構えたり腹が立ったりすることがあるかもしれない。痛いところをつかれた相手が、やり返してきたように感じても、あなたは同じことをする必要はない。「恥のボール」を収める最善の方法は「うん、そういうことってあるよね」と同意することだ。ただしあなたに非がある場合は、「もっと我慢するべきだった」と反省すること。真実に立ち戻るためなら、一部の批判は認めよう。だがパートナーがあなたの認めた非を分かち合うことなく、「我慢するべきだった」という部分だけに同意を示したら、それはボールを投げ返されたことになる。

相手が耳を傾けているあいだに、お互いがどう物事を改善し、本当の意味で関係性を築いていくかということを話し合っておくといい。もしできなくても、はっきりと自分の主張を伝えてほしい。「『お帰り』って温かく迎えてあげられなかったことを、いつも指摘されるのは構わない。でも逆だったら？　私があなたに同じことを言っても平気？　些細なことかもしれないけど、そういうことで、その夜をどう過ごすかが決まるの。自宅に帰ったら、職場や通勤のストレスから解放されて、気持ちのスイッチが切り替わるのもわかる。でも私にとっては家の仕事はみんなストレスだし、単調な重労働に感じることもある。だから外に出かけるあなたがうらやましいし、そう思う自分がすごく嫌。あなただって帰宅してから、家の雑務をやりたいなんて思わないでしょう」。言うべきことを言ったら、最終目標である約束を取りつける。「でもふたりで協力したら、いろいろよくなると思わない？　少しずつでもうまくやっていかなくちゃ。いまの状況を変えるにはそれしかないと思う」

約束してもらえなかったり、過去に約束を破られた経験があったりしたら、自分の要望が重すぎるかどうか、相手に確認するといい。何度も約束が破られるようなら対処する必要があるが、ひょっとしたら言い方に問題があるのかもしれない。要望を伝える際は、「自分の気持ち」を主張すること。「あなたはいつも『やるやる』って言うけど、少しもやってくれないから、私はすごくがっかりしているし、信頼も尊敬も薄れてきた」。してはいけないのは「あなたって約束を破ってばかりだよね」という言い方である。

あなたが過去に約束を破った経験があるなら、やってほしいと頼まれたことができない、あるいは毎回は無理だと素直に認めよう。「ときどき不機嫌になるのは、すごく疲れているからで、いつも優しくできるかどうかはわからない。もちろん努力はするけれど」。

相手が身構えたときは、はっきりこう伝えてもいい。「あなたが家のことを完璧にできなくたって構わない。だけどふたりの関係にはちゃんと向き合うって言ったよね。挨拶もその一環かもしれないって。私は玄関先であなたの声を耳にしたら、あなたは玄関先に近づいたら、お互いひと呼吸おいて、いまの状況を考える――私たちは一緒に帰ってきたの」。

くり返すが、下手に出て非難を受ける必要はない。たとえ時間とともに気持ちが変わるとしても、いまみたいに思ったことを率直に伝えてほしい。不安や疑念などの自分の感情を認めて弱さをさらすことができれば、大半の会話において（あえて勝ち負けを言うなら）敗者ではなく勝者になれるだろう。この場合の勝利は、お互いが恥や罪悪感から身を守るのではなく、あなたがパートナーとのあいだに望む温かさに近づくことかもしれない。

対立が深刻で解決できそうになければ、サイレント・リスニングを実践してほしい。この魔法の方法にようやく自分の話を聞いてもらえると感じた相手は、きっと飛びついてくるだろう。逆の立場なら、あなたも間違いなく飛びつくはずだ。

## サイレント・リスニング

1．たとえば一方が五分話すと決めたら、もうひとりは反論があっても、邪魔をせず黙って聞くこと。これが一番重要である。口をつぐんで何も言わないこと。

2．ただし、聞き手は自分の番がきたときに備えて、言いたいことをメモしてもいい。はじめて聞いたことや、どうしても同意できないことがあれば書き留めておく。だがメモに没頭してはいけない。あなたはあくまでも聞き手である。必要なら、書き留めているあいだ、相手に待ってもらうといい。

3. 相手が沈黙のルールを破っても「うん、黙っているのってむずかしいよね」と聞き流して、そのまま話をつづけること。

4. 役割を交代する。少し時間を取って相手の話を消化したら、聞き手は話し手に、話し手は聞き手に回る。

5. 両者が同じ時間話したら、順番に意見を述べ、聞き手のときはやはり口を挟まないこと。意見を言うのは長くても二分。

6. それ以上何も言わないこと。ひとりになって考え、三〇分後に集合する。その際は多少話してもいい。気まずい状況が変わっていないように見えても気にすることはない。ただしその場合は、日時と時間を決めて、もう一度同じ方法を試すこと。

7. 相手が十分に話せていないと感じたら「ほかには？」と促してあげるといい。話し手は、自分の言おうとしていることがHSPであるあなたを傷つけるのではないかと不安になる場合がある。受け入れる意思を示すこと。泣いたり取り乱したりせず「大丈夫だからつづけて」と伝えよう。

聞き手が黙っているというルールさえ守れば、これは本当に効果がある。相手の思っていることを一から十まで黙って聞き、そのあとで熟考すると、気持ちが変わることがあるのだ。このエクササイズはくり返しおこなったほうがいいだろう。夫と私は以前、絶対解決できなさそうな問題で対立し、実際解決までに何カ月もかかったが、この方法を五回くり返して、見事に解決した。

アクティブ・リスニングも、サイレント・リスニングも効果的だが、その際本当の気持ちを吐きだせないと危険をともなう恐れがある。聞き手はあなたを理解したと考え、そのうえで話を進めていく。そうこうするうちあなたはさらに奥底へと引きこもり、はては絶望に見舞われてしまうのだ。これはよくない関係だ。相手に聞く気があるのに、こちらの気持ちを話せないときは、「自分はなぜ、本当の気持ちを話せないのか?」という話題にするといい。あるいはセラピストやカウンセラーの前で、できればふたりそろってカップル専門のセラピストの前で話をしたほうがいいかもしれない。優秀なカップル・セラピストは、一方が相手に暴言を吐くといった、まさにあなたが恐れているようなことが起きても、安全な空間で一緒に関係を維持することに長けている。

### 邪魔なコンプレックス

親になると、誰もが幼少期の影響を受けることになる。人にはコンプレックスと呼ばれるものがあり、コンプレックスは、思考、感情、恐れ、直感、夢、その他人生における重要なテーマにかかわるすべてを束ねたものである。たとえばお金、権力、社会的拒絶、食物やそれを食べること、自分の性別、他人の性別など、誰もがコンプレックスを抱いている。裏切りによる激しい嫉妬や、子供のころに被害者役を強いられつづけたせいで生じた被害者コンプレックスなど、特殊なコンプレックスを抱えている場合もある。

コンプレックスは、人格の自然な構成要素であり、私たちの過去や生来の気質で形成される。これについては拙著『敏感すぎる私の活かし方』と『アンダーバリュード・セルフ The Undervalued Self』のなかで詳しく論じている。コンプレックがいつも悪い結果を招くとはかぎらない。そのおかげで寛大な人間や、信頼できるパートナー、節約家、弱者の味方になれるかもしれない。しかしある意味では、それは自分の選択ではなく、衝動に突き動かされた結果だと言えるだろう。

子育てをしていると、これまで表に出てこなかった、過去の親との関係にかかわるコンプレックスが出現することがよくある。たとえば子供のころ、自分にとって大切な保護者との「愛着」はどうだったか。この問題と向き合わないかぎり、いつまでもその影響はついて回るだろう。愛着には三つの「スタイル」がある。安定型、不安型、回避型だ。不安型は、子供のころの矛盾した愛情が、捨てられたり裏切られたりするのではないかという恐怖につながった結果である。回避型で多いのは、ネグレクトや虐待の結果、人に依存することを恐れ、依存＝弱さだと思いこむケースである。このスタイルの人は自己完結を目指しており、帰宅が遅かったり、「かなり無口」だったりする場合があるが、その裏には不安があって、その結果、こうした婉曲的な方法でつながりを維持している。ＨＳＰに不安定なスタイルが多いというたしかな証拠は見たことがないが、もしそうなら、彼らは幼少期の愛着にひといちばい影響を受けたのかもしれない。とはいえ、適切な人間関係を構築すれば、簡単に安定型に変えられる可能性もある。この件に関して、確実なことはわかっていない。

不安定な愛着は、ねんねトレーニングや、託児所に預ける際に子供をどのくらい泣かせておけるか、といった問題にも影響する（不安型は泣き声に耐えられないし、回避型は「泣かせておけばいい」と言う）。

パートナーに愛着の問題があり、それがふたりの関係や育児に影響を及ぼしていると考えられる場合、一番いいのは、エモーション・フォーカスド・セラピー（感情焦点化療法）や、愛着理論に基づいたエモーション・フォーカスド・カップルズ・セラピーにかかることだろう。これについては、ご自身でもお調べいただきたい。

過去の問題から育児に関するコンプレックスが生じることもある。トラウマはたいていコンプレックスを生みだす。たとえば生活が苦しくてプレゼントを買ってあげられない、あるいはどちらかの親が病気で、子供が家のことを手伝わなければいけない場合、パートナーは多少苦労したほうが子供のためになる、と感じているかもしれない。一方で、極度の貧困家庭で育ったり、いつも労働を強いられていたという過去があなたにあれば、子供には絶対苦労させたくないと思うだろう。多くの場合、コンプレックスは単純なものではない。子供にどのくらい勉強しろと言うべきか。ひょっとしたらパートナーは子供に、自分がなれなかった学者になってほしいと願うだけでなく、それを既定路線と考えているかもしれない。だが親からそうした圧力を受けてきたあなたは、一方的な押しつけから子供を守ってあげたいと思うかもしれない。

コンプレックスの兆候をつぎに記す。

- 激しい感情や高揚感。「それは理不尽だ。私が証明してみせる」
- 断定的な物言い。「浮気したよね。否定しないで、この目で見たんだから」
- 極論。「浪費しすぎだ。この請求書を見て。こんな調子だと家を売る羽目になる」
- 奇妙な非難。「あんなに泣いている息子を放って、あなたとふたりで出かけられるわけないじゃない。なんてひどい父親なの！」
- ドラマの登場人物のような気分になる。役どころは、裏切り者、自分勝手な人物、家族に厄災をもたらす人物。

パートナーがコンプレックスを抱えていたら？

- 口論せず、引きこまれないようにして、客観的に眺める。話し合うべきことがあると思っても、ひとまず保留する。

・相手の自己嫌悪を含め、明らかに間違っていることには同意しない。相手が「自分はバカだ」と言っても「私はそうは思わない」と返すこと。第三者がそう思っていたら若干ややこしくなるかもしれないが、相手の話に耳を傾けながらも、自分の立場を主張してほしい。
・無言はよくない。何も言わないと、それをイエスかノーに取られる。多少質問することで相手の気を紛らわせてあげること。「それで、どうなったの？」
・パートナーの好きなところを思い出す。いまはそう思えなくても、あるいはしょっちゅうこういう状態になったとしても、抱えているコンプレックス以上の人物であるはずだ。時間をおいて一緒に問題に取り組むといい。ひとまず相手の弱っている部分をケアしてあげること。
・パートナーがコンプレックスや、コンプレックスのきっかけとなった出来事（親に見捨てられたり裏切られたり、もしくはきょうだいが自殺したりなど）を恥ずかしく思っていたら、そうした部分にそっと寄り添ってあげること。
・うまく防御する。「恥のボール」を投げ返してはいけない。「私のせいにしたいのはわかるよ。だってあなたか私、どっちかが間違ってるはずだから」と言ったあとで「でもお互いを責めるのはやめよう。それよりも、また同じことが起こらないようにしたほうがいい」と伝えよう。
・ポイントは、時間を置いてお互いに冷静になってから話し合うこと。これが大事なのは、そのほうがコンプレックスに向き合いやすくなるからだ。見て見ぬふりをするのはよくない。まずは優しい口調で切りだし、そのあと非難ではなく心配そうな口ぶりで「昨夜はお互いどうかしていたよね」と言おう。

- その出来事が、相手に何を思い出させるのか探る。「最初にそう感じたのはいつ？」。これがコンプレックスの原因につながるかもしれない。「お父さんは冷たい人だったのね？だから私がピートをきつく叱るのが耐えられないんだね」。集中して、積極的に相手の話に耳を傾けること。
- 何がコンプレックスを刺激し、それを回避するにはどうしたらいいかを話し合う。
- コンプレックスに名前をつける。ただし、相手の話をよく聞いてから。たとえばひどい父親の名前がハロルドだったら、つぎに相手がかっとなったときに「ハロルドの領域に踏みこんでいるよ」と言ってみる。それによって相手は問題の根本を思い出すだろう。
- 誰もが「闇」を抱えている証拠として、自分のコンプレックを例に挙げる。「ピートがプレイデートをしてもらえなかったらどうしよう。友達がいなかった『六年生のときの私』みたいになってしまったらって不安で仕方がない」。

ときとして育児は、どちらか一方が相手をひどく失望させたときなどに新たなコンプレックスを生みだすことがある。作業分担が不公平なのに相手がそれを認めようとしなければ、被害者コンプレックスが生じるかもしれない。そして多くの場合、こういう状況で再燃した被害者コンプレックスは、当人に過剰な負担を強い、打ちのめしてしまう。ぜひ、自分と相手のコンプレックスを念頭に置いたうえで、つぎの章へ進んでほしい。次章では、本章の後半で触れたスキルを使って、前半で触れた五つの問題に取り組んでいく。

# 8

## 敏感な親とそのパートナー 2
### ——問題に対処する

More on Sensitive Parents and Their Partners: Making Progress on The Tough Problems

まずは前章で触れた、育児がふたりの関係にもたらす五つの問題をふり返ってみよう。そのあとで、あなたの共感力、対立処理能力、コンプレックスを認識する力を高める方法について述べていこうと思う。

**意地悪になる場面を減らす**

あなたやパートナーがお互いに対して冷たくしたり、失礼な態度を取ったりするときは、少なくとも三つの原因が潜んでいる。疲労、生い立ち、怒りである。

疲労については知っていると思うが、過剰な刺激を受けたり疲れたりすると、あなたは平静でいられなくなる。このいらいらはあなたの性質ではないし、それはパートナーにもわかっている。望ましいのは、パートナーがその兆候を察し、休息を取るよう積極的に促してくれることだろう。

生い立ちからくるいらだちは、少々ややこしい。もし家族のなかにいつも口うるさく、偉そうで、無礼な人物がいる場合、長年にわたる習慣を打ち破らなければならない。あなたもパートナーもそういう環境で育ったなら、さらに状況は悪くなる。というのも手本になる人間がいないからだ。それでもこの習慣をどうにかしなければ、将来あなたの子供は、親のように不機嫌で失礼な人間になるだろう。

生い立ちの習慣を断ち切るには、とにかく高いモチベーションで望むこと。「動機づけ面接」と呼ばれる過程は四つの領域に分かれる。あることをつづけた結果として（惨めな家庭環境になるなど）よくないもの。あることをつづけた結果として（少なくともこれまでの習慣をなおす必要はなく、わが道を行けるような）いいもの。あることをやめた結果として――悪くなることはほとんどない。あることをやめた結果として、温かさ、親密さ、幸せな家庭、礼儀正しい子供を持つ可能性が増加するいいもの。動機づけ面接を正式な方法でおこなう必要はないが、あらゆる側面と向き合うこと。それができないようなら試さないほうがいいだろう。

やると決めたら、ふたりで助け合って悪習を断ち切ろう。習慣を断ち切るのは容易ではない。どちらか一方だけがいつも不快な思いをしているなら、いらだちを消せるよう、相手のほうが別の習慣を選んでほしい。ふたりで助け合うには、お互いのことを思い出すだけでいい。多くの場合、ＨＳＰにはそれだけで十分だ。

もうひとつのやり方は、実験室のラットでおこなうように、報酬と罰を与えるというもので、これは効果がある。たとえば「楽しみ」用のお金の入った封筒を用意し、その横に、違反をするたびに罰金として封筒のお金をいくらか入れる瓶を置く。そして瓶のお金は慈善事業や貯金に回すようにするのだ。ほかにも、過去に試してうまくいった方法があれば試してみてほしい。

目標は、一緒に暮らしている人に対して「よそいき」の行動を維持することだ。つまり、他人の家に呼ばれたときのようにふるまうこと。相手のしてくれたひとつひとつに感謝し、食洗器の食器を片づけるといった、ごく普通のことにもお礼を言う。失敗したり迷惑をかけたりしたら謝罪をし、わざとではなかったとしても、相手の目の前でドアを閉めてしまったときなど、ごめんねと謝る。自分の立てる物音や、散らかす行為にも注意して、感じよくふるまおう。

三つ目の原因は、いらだった人が埋もれた怒りに震えているときだ。つぎに取りあげる。

## 失望と怒り――修復法

あなたとパートナーがお互いに失望している場合、ぜひともこれに取り組んでほしい。まず、失望したときのことを思い出してほしい。守られなかった数々の約束や失敗は、失望や怒りの中核をなす。そしてこれらには必ず対処しなければならない。また、約束を守らなければ尊敬を失うし、尊敬がなければ愛も存在しないだろう。昔ならそういう人物は不名誉でダメ人間とみなされていた。が、ここではあえて、それを誤解と呼ぼう。大事なのは、これから尊敬し合えるように、互いに助け合うことだ。

第一に、ふたりできちんと約束を交わし、あるいは「誤解」に取り組むようにする。どちらかが、そんな約束はしていないと言ったら、次回はもっと明確な約束にしたほうがいい。

あなたが失望するのはどういう場合か。ひといちばい敏感なあなたは、世間の八割の親よりもストレスに弱い。その事実は失望に値するし、子供と家で過ごす際も人より助けが必要で、出費もかさむ。職場復帰した際には、パートナーの予想以上に家事ができなくなる。そして誓いや約束を立てても、結局無理だったとなる可能性がある。パートナーがあなたの敏感さを負担に感じ、やがてそれを「障害」と呼ぶようになると、そのせいでうつや不安が悪化する恐れもある。そうなるとあなたは、きっとパートナーは自分を選んだのは失敗だと思っているに違いないと勘繰りはじめ、と同時に、自分を受け入れてくれないことに失望や怒りを覚えるようになる。

些細な口論が大げんかに発展したり、受動的攻撃行動（やりたくないことを「忘れる」などを示したり、セックスやロマンチックな行為を（記念日を祝うことさえ）したがらなかったりする場合は、いらだちのほかに煮えたぎる怒りが存在する。

原因がわからなくても、何かがおかしいことを両者が認めているなら、腰を落ち着けて話をしてほしい。可能であれば、7章で説明したリフレクティブ・リスニングやサイレント・リスニングを試してみること。問題の根本を明らかにし、深い傷を修復する必要が生じるのは、育児のプレッシャーの真っ只中にいるときである。そこで、効率的な話し合いをするための、質問項目をいくつかあげる（さらなるリストは、既出『マザー・ナーチャー』参照）。実際、すべての質問に目を通すことになるかもしれないが、質問は一度につきひとつずつおこなうこと。相手が答えているときは聞き手に回って相手の答えを熟考し、あるいは黙って聞く。それから今度は逆になって同じ質問に答えること。

- 子供を持ったらどうなると想像していたか？　お互いにとって実際どうだったか？
- うまくいかなくなった原因は何か？　非難ではなく事実に基づいた文章をつくってみてほしい（「○○したときに、私は○○と感じた」）。たとえば「子供たちがけんかしていたときに、もどかしさと無力さを感じて悲しかった」。
- 自分の人生やパートナーの何に腹が立つのか？
- 自分の人生やパートナーに失望した経緯は？
- 相手の話を聞かない、相手が無理だと言ったことをわざとやるなど、あなたが状況を悪化させた行動は？
- 相手の動機を誤解した理由は？　怠惰、それとも役立たずだから？　物事にどう対処したらいいかわからないのに、無能だと思われるのは嫌がるから？　こちらの話を聞かず、あなたが批判すると恥をかかされたと思うから？

・あなたやパートナーの幼少期が、どのように物事を歪めてしまったか？
・状況を改善するためにあなたがしたことは？　過去に効果的だったことは？　いまでもそれをしている？　それともじょじょにやめてしまった？　時間がないから？　それともほかの理由で？　あまりに無力に感じた？　腹が立った？　ふたりでそれに取り組むにはどうすればいい？
・カップルセラピーを受けようと思ったことは？　ないと答えた人はどうして？
・関係を修復しないことの隠れた利点は？　自分の責任を忘れるのはなんとなく気分がいい？　別居や離婚を考えていて、むしろ心待ちにしている？
・あなたの本当の失敗は何か？
・相手に謝り、許しを請うことができるか？　できないならその理由は？　家族のあいだでは謝ったりしないから？
・家族のなかに、積年の恨みや確執を抱いていたり、悪いおこないのせいで追放されたりした人物がいる？　その行為はどれくらい悪質だったか？　同情や二度目のチャンスは与えられたか？　こうした家族の風習があなたの怒りに影響している？　この風習をつづけたい？　それとももうやめにしたい？

終わったら、明らかになった怒りや失望をリストにしてほしい。それぞれが経験した現実として、リストを見せ合ってもいいし、ただ「持っている」だけでもいい。人の気持ちは天気のようなものだが、サイレント・リスニングを何度かおこなえば、きっと天気も変わるだろう。

途中で顔を出す劣等感に気をつけよう。7章で説明した方法を使って対処してほしい。くれぐれも劣等感を抱いている人と口論をしないように（受け入れたり同意したりしてもいけない）。コンプレックスを吐き出させてから、ようすを見るといい。

少しでも空気を改善できたと感じたら、お互いがどのくらい失望や怒りを乗り越えられたか、（口論や非難はなしで）正直に評価してみてほしい。一〇段階で評価し、自分が思ったほどよくなくても素直に受け入れること。一カ月後に、もう一度評価してみる。お互いの評価が下がっていたら、リストを破って燃やしたくなるかもしれない。

## 人間関係という口座に預金する八つの方法

これまで紹介してきた方法に取り組みながら、未来に目を向けてほしい。まずは、つぎの文章をお互いに向かって読みあげること。

相手をもう二度と愛せないと思っても、気持ちが変わることはよくある。どうかあきらめないように。ふたりで取り組めば、きっとうまくいく。

ふたりの関係を銀行口座だと思ってほしい。そこにははじまりの愛、ふたりで培ってきた強さと喜び、そして失った愛を取り戻すためのあらゆる努力の結晶が入っている。これらはあなたの預金である。そしてストレス、怒り、失望、修復の失敗によって預金は減る。育児のせいで赤字なら、いまこそ多くの預金をすべきだろう。では、どうしたら預金を増やせるのか？

1. **定期預金をする。**関係の修復を「やることリスト」に入れ、おろそかになったときは、最優先で取り組む。

2. **預金を増やす方法をいろいろ考えてみる。**思いついた方法を片っ端からリストにしていく。「デートの夜に戻る」「ふたりとも休めるように、ねんねトレーニングをしっかりやる」「仕事を持ち帰らない」「パソコンやスマホを見ない時間をつくる」。こうしたリストをふたりでつくり「じゃあそうしよう」と言うだけでも預金になる。

3. **子供抜きで出かける計画を立てる。**いざというときの連絡手段を確保したら、シッターさんに子供を預けてひと晩出かける。『マザー・ナーチャー』は、子供が三歳未満の場合は一泊、五歳未満の場合は三泊以上しないほうがいいと提言している。ただし祖父母など、子供がよくなついている人物と一緒なら、もう少し長く家を空けても大丈夫だろう。

4. **「斬新でわくわくするような」ことを一緒におこなう。**これは刺激的なことでなくとも、目新しいことなら何でもいい。ただしふたりが新鮮さを感じ、挑戦してみるだけでも楽しいと思えるものであること。新たな習い事（スポーツ、語学、カップル・マッサージ）、新たな娯楽（オペラ鑑賞、ロックコンサート、スポーツ観戦）、あるいは行ったことのない場所に出かける（新たなハイキングコースでもいい）。夫の研究によると、これらは夕食や映画デートよりもはるかに効果的であることが判明しており、こうした活動によって、ふたりの関係を自分の成長や自己拡大につなげることができるという。両者ともＨＳＰなら、とくに効果は高いだろう。というのも、おそらくふたりの関係を静かな避難所とみなしている両者は、ほかの場所で自己拡大をおこなうからだ。

5. **毎日、お互いに意味のある質問をする。**（もはや決まり文句のような「今日はどうだった？」ではなく）。「調子はどう？　大丈夫？」「何が楽しみなの？」。相手が今日の出来事を話したら「それで、どう思ったの？」「いまの気分はどう？」と尋ね、リフレクティブ・リスニングをおこなおう。

6. **パートナーの成功を祝う。**研究によると、これは困難を支えるよりも人間関係にとって効果的だという。「そんな問題を解決できたなんて／きちんと評価されたなんて／ひと晩中あの子を寝かせておいたなんて、すごい」。

7. **恋愛・ファミリー映画を一緒に観る。**平均的なカップルにとってはコミュニケーションの訓練をするよりも、こちらのほうが効果が高い。恥や非難は横に置き、ふたりで一緒に映画を観る。映画が終わったら、ふたりの関係と似たところについて話し合う。

8．**愛していると、頻繁に伝える。**さらに重要なのはその理由である。夫と私は、ときどき長旅の暇つぶしに、お互いの好きなところを五～一〇個くらい言ってみたりする。

**育児に関する同意**

子育て方法を理解し合うには、ふたりで目標に優先順位をつけることからはじめるといいだろう――性格のいい子に育てたい、いい成績を取ってほしい、粘り強い子になってほしい、将来成功してほしい、幸せにのびのび育ってほしい、本当の自分を見つけてほしい、あなたのスピリチュアル傾向を受け継いでほしい、など。選択をしないというのも選択のひとつで、メディアや学校といった大きな社会に任せてもいい。

ふたりの意見が合わないときは、相手に強い持論があるのかもしれない。一方で、パートナーに大した考えがなく、あなたに任せっぱなしの場合もある。

**育児で対立した場合。**意見が異なるときは、7章で紹介したアクティブ・リスニングとサイレント・リスニングを試してほしい。育児をがんばった結果を褒めてほしい、親として敬意を払われたい、家族に受け入れられ、育児の役に立ったと認められたいなど、人間の基本的欲求とパートナーのニーズに注目すること。対立の原因は、上から目線で指図されて腹が立つということより、むしろ自主性や自分の能力を感じたいだけの場合もある。

また、文化的アイデンティティや伝統の維持、その被害者になること（自身の文化圏の人たちに傷つけられることさえある）など、文化全体のコンプレックスによって劣等感が煽られることも多い。これまで感じなかった圧力を家族から受けることもあるだろう。彼らの話に耳を傾けつつ、自分の最優先事項は決めておくこと。子育てについてパートナーと理解し合う必要はあるが、それ以外の人には必ずしも同意する必要はない。

**パートナーが無関心な場合。**相手に問題を解決する意思が見られない場合は、日々の行動からはじめてみるといい。そこから核心部分へ、パートナーの本当に大切なものへと迫っていくのだ。「たしか大声で騒ぐ子供は嫌いって言ってたよね？　ほら、この前レストレランにいたみたいな」

パートナーが同意したら、「じゃあ、大人しい子が好きなんだ。それならまず、私たちが落ち着かないとね。子供って大人の真似をするでしょう」。それから、子供がパートナーの真似をした例を挙げる。

また、相手の思う子供の将来像を聞き出してみてもいい。そして、そういう大人に育てるにはどうすべきかを話し合う。あるいは共通の知人の子育て方法（テレビで観たやり方でもいい）について話し合い、パートナーが思ういい子育て、悪い子育てについて聞いてみる。忘れないでほしいのは、あなたが同意するか否かにかかわらず、この作業では、まず相手の価値観を引き出す手伝いをしているということだ。たとえ同意しかねる意見があっても、すぐに否定をせず、どこかに自分と同じ価値観がないか探ってみること。「聞き分けのいい子はたしかにいいと思う。でも具体的に子供に聞いてほしいことってある？　たとえばこういう状況では、こっちの言うことを聞いてほしいとか……」

また、こんなふうに言えばパートナーは興味を持つかもしれない。「今日何かで読んだんだけど、子供の癇癪《かんしゃく》に一番効くのは……」または「娘の食べ物のことだけど、お菓子の棚に健康食品を並べて、子供に選ばせるやり方があるみたい。でんぷん質の食べ物だけを与えたり、フルーツだけを与えたりするの。このやり方、エラに効果あると思う？」

むずかしそうに聞こえても、大丈夫。ＨＳＰのあなたならきっとできる！

**柔軟性を持つ。**日常生活において、育児の仕方はひとつではないということをふたりとも覚えておく必要がある。自分ではそのやり方がいいと思っていても、パートナーにも好きなやり方でおこなう権利があるし、間違えたり、やり方を変えたりする権利もある。なにしろ子育てはむずかしいのだ！　ふたりのやり方が多少違っても構わないし、たとえばどちらかが寝かしつけの際に子供と長めに会話をしたり、ふたつめのお話をしてあげたりしてもいい。子供たちは親のやり方を理解し、慣れていく。

子供にとって問題なのは、親が子供の前でしょっちゅう言い争い、あるいは未解決の火種をいくつも抱えていることである。ＨＳの親として、あなたは完璧な育児哲学を持ち、完璧にふるまおうとするかもしれない。けれどあなたは完璧じゃないし、あなたのパートナーもそうじゃない。非現実な基準を満たそうとするよりも、愛を絶やさないでいることのほうが、あなたやあなたの子供にとってよほど大切なはずだ。はたしてパートナーの望みはどれほど有害だろう？　テレビを数時間長く見るのはそんなに悪いことだろうか。子供がおもちゃの銃で遊ぶのに反対するあなたは、高いモラルの持ち主かもしれない。しかし（それを許す）相手のおかげで、子供はみんなに受け入れられたと感じるだろう。いずれのやり方にも一理ある。

そこで、お互いの妥協点を探ってみよう。ふたりとも子供に銃を悪用してほしくはないし、ましてや簡単に人を殺すような大人になってほしくはない！　だが、どちらのアプローチにも気になる点はあるかもしれない。

もしもパートナーのやり方が間違っていると思っても、それが大した問題でなければ、相手の好きなようにやらせてみてほしい。ただし、その結果あなたが正しいことがわかっても「だから言ったでしょ」とは言わないように。逆にパートナーのやり方が正しければ、それをきちんと認めること。

よくない状況に出くわしたら、まずは事実を確認しよう。多くの場合、その状況は苦しみもがいた末の結果である。自分が同じ状況でどれだけのことができたか、よく考えてみてほしい。

**作業を分担する**

あるＨＳの親の話だ。

夫は私の敏感性を受け入れ、大事なところでサポートしてくれます。休憩するよう勧めてくれるし、隙を見て私の仕事を減らし、完璧にやろうとしないでいいからと言ってくれます。彼は穏やかで、煩わしい物音も立てません。私が限界のときは彼が引き継いでくれます。これから親になりたいと思っているＨＳＰの方には、家族や家事に対するパートナーの価値観をしっかり把握しておくことをお勧めします。

作業量の分担を決めるには、本章で説明したすべてのスキルを駆使する必要があるが、ここではそれを簡単にする方法をいくつか紹介したい。

**作業をすべてリストアップする。**リストの各項目の横には、余白を残しておいてほしい。リストを完成させるには、ふたりで項目を考えること。特定の時間に子供の世話をする（食事、寝かしつけなど）、家事（掃除、洗濯、修繕、庭仕事、ペットの世話など）、雑務（食料、衣料の買い出し、車のガソリンを入れるなど）、車の整備。そのほかにも、スケジュールの調整をしてほかの親や家族と会う約束をしたり、お祝いの計画を立てたり、病院の予約を取ったり、学校を選んだり、先生に会ったり、宿題を見たり、また、経済的なこと（収入を得るのはもちろん、支払いをしたり、予算を組んだり、大学など将来に備えて投資したり）も準備しなければならないだろう。何より、それぞれについて責任を持ち、決定をくだし、ときには悩むといった作業をおろそかにしないこと。

つぎに、各項目の横に担当者の名前を、分担するならその割合を記す。担当する項目に異論があるときは、日ごと、週ごと、月ごとに（何なら一時間単位でもいい）記録をつけ、実際にその作業をおこなった人物を確認できるようにする。どちらか一方がリストづくりに反対したら（おそらくは仕事をあまりしていなくて、記録に残されたくない人物だろう）一方がリストをつくり、相手に訂正してもらうというやり方にしてもいい。これによって作業分担が公平になるだけでなく、リストの存在そのものが、各自の意識を変えるのに役に立つ。

**作業量の不公平を解決する。**なかには簡単に解決できるものもある。一方が大変だと思う仕事に対して、他方はそう思っていない場合があるのだ。しかしＨＳＰは、これを確認せずに、良かれと思って自分が大変だと思うほうを引き受けてしまうことがある。たとえば、あなたにとって一番厄介な寝かしつけが、パートナーにとっては一番楽しい仕事かもしれない。またＨＳＰは一般的に（子供に読み聞かせをするなど）静かな作業を好み、また、体力のある午前中に仕事をこなしたいと思っていることが多い。少なくとも、自分の好みは伝えておくといいだろう。

面倒な作業は、交互におこなうのが公平かもしれない（夫と私は交代で早起きし、息子に朝食を食べさせて学校へ送り届ける）。けれど担当が決まっている仕事は、相手に任せるようにしてほしい。いちいち口出しをしないこと。

どうしても気に入らない場合は、サイレント・リスニングをおこない、根底にあるコンプレックスを特定する（「私の文化ではそれは女性の仕事だ」「それは完璧にただの性差別だ」）。そして、お互いの基本的なニーズを確認する（「おむつを替えるなんてプライドが許さない」「手伝ってほしいときに夫に助けてもらえないなんて、私のプライドはボロボロ」）。なかでも重要なのは、子供のニーズだろう（誰かがあの子のおむつを替えてあげないといけないのに、そばにあなたしかいなかったらどうするの？）。

**親密さを保つ**

親密さを維持するのは、簡単ではない。子供が小さければ、家族で集まったときなどに親しみをこめた視線やハグを交わし、あるいは一日の終わりに一緒に寝るだけでもいいかもしれない。だが子供が五、六歳になったら、もう少し努力が必要だ。そして問題が深刻なようなら、深く掘り下げること。

お互い避けてはいないだろうか？　もしそうなら、失望と怒りに立ち戻ってほしい。外で働いたり、育児をしたりしていると怒りそのものが疲弊することがあって、それはパートナーに対する怒りも同じである。少しでも休息を取れば、あなたの気持ちは与え合うモードに切り替わり、状況を変えられるかもしれない。また、どちらかが喧嘩を恐れている場合もある。まずは「一緒に過ごす時間が少ない気がするんだけど」と切りだし、それから避けている理由を聞きだす。「きみは携帯をいじってばかりで、全然一緒にいる気がしない。友達といたほうが楽しい」。お互いを避けるのは、一緒にいても退屈だからかもしれない。ふたりの関係性を積み立てるための預金リストを見返し、やっていないことがあったら、すぐに取りかかってみよう。

**仕事やキャリアのプレッシャーでストレスを感じていたら？**

- **それに対する共感を与え、受け取る。**前述したような方法を試せば、おのずと親密さを取り戻せるだろう。
- **優先順位を慎重に考える。**育児に費やす時間は、あっという間に終わる。キャリアを中断させられるのは、多くの人にとっていらだたしいことだろう。家庭と仕事、どちらか一方を選ぶことができなければ、友情や趣味を手放すことになる——というのも、仕事や家族以上に大事なものはないからだ。これは多くの親から聞いた話だ。
- **家にいるときは、たとえ短い時間でもちゃんと家にいること。**自分の存在を示し、家族の前でメールや電話はしないようにする。どうしても必要なときは、場所を移動し、ひとりでおこなうこと。そうすることで、メールなどの回数も減っていく。

**・必要に応じて携帯やパソコンを使わない時間をつくる。**子供に手本を示してほしい。テクノロジーが親密性を阻害することは、研究でも明らかになっている。携帯の存在だけでも、会話の深さや親密性は減少する。

**・職場モードから家庭モードへと切り替えるポイントをつくる。**一般的に職場は大人社会で、ペースが速く、プロセスよりも生産性が重視され、協力よりも競争、弱さよりも強さ、感情よりも思考が重視される。行きと帰りの通勤時間に想像してみよう。玄関の扉を開けたら何が待っているか。帰る前に電話を入れておけば相手も助かるだろうし、帰ったときにひとりの時間が取れるかどうかの確認にもなるだろう。帰宅後、可能なら瞑想したり、シャワーを浴びたり、部屋着に着替えたりしながら、自分がいまどこにいて、まず何をすべきかを意識してほしい。

**パートナーが仕事でストレスを抱えていたら**

**・お互いの立場を考慮しながら、パートナーを褒める。**それぞれの職場環境の違いを指摘しながら、相手の職場が悪いわけではないことを伝える。

**・ある程度の時間を決めて、そのあいだに切り替えてくれればいいと伝える。**こうすることで、お互いに使える時間も明確になる。

**・パートナーの職場のいいところを評価する。**おそらく会社の厳しさや効率性のおかげで、HSの親が求める経済的安定性が得られている。ただし、いつも効率性ばかりを追い求めていると疲れてしまう。家族のために働いているパートナーに、たまには息抜きするよう言ってあげるといいだろう。

親密さのもうひとつの形は、性生活である。それは、子供が生まれると明らかに変わる。出産直後は、たとえ帝王切開であっても母親の性器の形はある程度変化する。母親が性欲を感じなくなるのは、おそらく進化の過程で、授乳中の妊娠を避けて身体を回復させたほうが母親にとっても子供にとっても生き残る確率が高かったためだろう。子供が生まれて一年目、たいていの母親は乳児の世話で心身ともに疲弊し、性行為のことなど考えられなくなる。そしてパートナーのほうも、母親と乳児の世話や家事の負担に加えて、家の外では子供のせいで生産性が落ちたと思われないように気を張らなければならないため、同様に疲れている。自分やふたりの関係性に性的な魅力がなくなったと感じてつらくならないように、こうした理由を頭に入れておくといいだろう。

一年目が終わるころには、子供を産む前と同じような性生活に戻っているのが望ましい。これは家族にとってあらゆる面でいいことだ。

子供が生まれることで、性的な親密さに関して変化する部分もあれば、変わらない点もある。

以前から問題があるなら、それが勝手に解決されることはないし、セックスを避ける新たな理由とともに、さらに問題は大きくなっていくだろう。拙著『ひといちばい敏感なあなたが人を愛するとき』のなかで、HSPと非HSPの性的経験に関する調査結果を報告した。その内容をここでくり返すつもりはないが、ひとつだけ言わせてもらうと、気質の違いは、親密な触れ合いのなかで何を楽しみ、経験するかということに間違いなく影響を与える。HSPには特定の好みがあり、些細なことほど興味を引かれやすい。どんな種類の刺激でも、少ないに越したことはないし、直接的より婉曲的なほうがいい。そして刺激が強すぎると、圧倒されて電源を切ってしまう。

パートナーはあなたの好みや好きなことを知れたら、きっとうれしいだろう。だから伝えてほしい。性生活に不満を抱えて、怒りや失望をくすぶらせたままにしてはいけない。

もうひとつ、性的な側面で変わらない点は、一方がより性的な時間を望んでいるということだろう。出会ったばかりのころは、年齢的にも互いに対する興味からも、お互いに強い性欲を感じたはずだ。その後、どちらかがそれほどセックスに関心を示さなくなっていく。異性のカップルでは、たいてい女性がそうなるので、ここではそのケースを取りあげたい。これが典型的な事例だと理解しておくのはいいことだと思う。とりわけHSの女性は、相手のことを性的に受け入れられないと、パートナーを裏切った、あるいは自分は「出来損ないの女性」だと感じることがある。毎日セックスを求めない自分はおかしい、そう女性に思わせるメディアは非常に多い。しかし調査によると、週に一回程度が、全体として良好な関係を維持できるという。男性には物足りないかもしれないが、週に一度でも、幸せは感じられるだろう。逆に女性はもっと減らしたいかもしれないが、感情に身を任せておけば、たいてい一週間くらいで身体が反応するだろう。

幸せな性的関係を築くための第一歩は、自分の欲求や気質の違いを普通のこととして受け入れ、その違いにどう対処するかを考えだすことかもしれない。『マザー・ナーチャー』が、いずれのパートナーにとっても素晴らしい提案をしている。しかし忘れてはいけないのは、セックスをしたいほうは、自分の「楽しみ」しか考えていないことがよくあるということだ。

そんなにしたくないと思っている側は、自分のホルモンや健康状態の調子を確認してみてほしい。薬を服用していると、それが性欲に影響する場合がある。抗うつ薬は間違いなく影響を及ぼすが、治療を受けていないうつ状態でも性欲は減退する可能性がある。抗うつ薬のなかには、性欲に影響しないものや、種類によっては増進するものもあるので、優秀な精神科医に尋ねてみるといいだろう。

自分が興奮するものを考えてみよう。さまざまな想像から刺激を受けやすいのは男性よりも女性だろう。もちろん、質の高い映画の官能的なシーンなども有効だし、自分のスイッチが入るものなら何でもいい。

当然ではあるが、性的な感情は、認識されたのちに行動へと移されなければならない。生い立ちのせいで性的なことに違和感を覚えているなら、あなたは意思に反した行動をしているのかもしないいし、そもそも性欲を感じていないのかもしれない。これは克服すべきだし、ひょっとすると、乗り越えるまでに時間がかかる可能性がある。ちょっとした性的要素の含まれたコンテンツを見るだけでも心が鈍るかもしれないが、まずはそういうものからはじめてみてほしい。

子供のころに性的虐待を受けていたら、性的な問題はこの先もずっと付きまとうだろう。可能なかぎりその問題と向き合い、パートナーにもきちんと理解してもらうこと。パートナーの理解があればずいぶん救われるはずだ。何より、パートナーがこうした（あなたのせいではない）困難を知ってもなお、自分を愛してくれていることを理解してほしいし、不安なら、安心を求めてほしい。

## 別れ（別居や離婚）を決意したら

本書の読者は、ふたつのグループに大別できるのではないかと思う。親として多少の問題を抱えながらも確固とした愛ある関係を維持し、協力して問題に向き合える人たち（こちらが大半であることを願う）。そしてもうひとつは、ふたりの問題に向き合えないパートナーを持つ人たち。こうした問題は、子供を授かるまでわからなかったかもしれない。しかし育児のストレスは、（とくに子供に影響を与えることから）問題を無視できないところまで増幅する。

こういう局面にぶつかったらどうすればいいか。できることといえば、おそらく自分を変えることだけだろう。何かを手本にして行動したり、パートナーを説得してカップルセラピーを受けてみたり。ただし後者は、変わろうという意思が相手にもなければならない。

人間関係で起こる問題には必ずふたりの人間がかかわっていて、だからあなたはあなたの問題に取り組む必要がある。たとえ相手が支配的で暴虐な人間でも、このような関係に甘んじてしまったあなたにも何かしらの責任がある。それは恋に落ちたときにはなかったかもしれず、あったとしても受け入れ、それも含めて相手を愛せたかのもしれない。この問題に対して、自分が担った役割を注意深く見つめてほしい。相手を正せなくとも、また自分を正せなくとも、問題点に気づくだけで別の関係をはじめるときには役立つだろう。あなたが変われば、たとえ家を出ていても、子供も影響を受ける。セラピストたちは全員、そういう場面を目にしてきた。

パートナーが変わろうとしないなら、相手をパートナーや恋人としてではなく、（本人が気づいているかどうかは別として）深刻な問題を抱えているひとりの人間とみなし、大きな愛で包みこんであげてほしい。こうした問題は、遺伝も多少あるとはいえ、おそらくはその人物の過去が関係している。どんな障壁があろうと私たちは愛するために生まれてきたのだし、あなたは誰よりパートナーの妨げとなっているものを理解しているだろう。そして愛をもって接すれば、そうした障壁を動かすことができるかもしれない。

人が変わることを嫌うのは、その過程でまず自分の傷をさらし、恥ずかしい思いをしなければならないからだ。パートナーはあなたにそれを知られたくないが、心の奥底ではあなたがすでに知っていることを知っている。だからこそ、パートナーが誰よりも無防備に感じる相手はあなたなのだ。あなたもまた、パートナーが自分に恥をかかせることができる存在であることを知っている。お互いを辱めることなく愛し合い、互いの傷を全部受け入れたうえで、きちんと向き合って癒すにはどうしたらいいだろう？　これは簡単ではないが、ときどきでもこの件に思いをめぐらせることができれば、それが理想的なのかもしれない。

パートナーがこの先も絶対に変わりたくないと思っている場合、ある意味であなたは希望を捨てなければいけないだろう。そうなると、別居や離婚の影がちらつきはじめる。ＨＳの親として、とくに家族にとって、これが意味するところはわかりすぎるほどわかっていると思う。

ここで、あまり認識されていないふたつのポイントを伝えたい。

ひとつめは、愛着の存在だ。誰かと一緒に暮らしていると、愛情だけでなく愛着がわく。あなたの人生はさまざまなもので構成されている。いいときもあれば悪いときもあり、別離となると、さまざまなことがあなたの心に去来する。愛着と愛情は別物だが、愛着のほうが痛みをもたらす場合があるし、関係の終わりに際しては、明らかに愛情よりも現実的な存在感を示す。そのころには愛情はなくなっているかもしれないが、愛着はまだ存在しており、そのせいで、自分が過ちを犯しているのではないかと感じることがある。

ふたつめは、離婚や別居は、「子供のため」に家族でいたいと望むなら、それほど悪い選択ではないかもしれないということだ。一般的に離婚が子供に悪影響を及ぼすと思われていても、家族の形はさまざまだ。あなたは一般的な人ではなく、特別な人である。衝動的に突っ走るのを避け、これまでとは違った感覚――新しい生活や、出番を待っている新たなパートナー――を手にいれたほうがうまくいく場合もある。ただし、いきなり未知の世界に飛びこむのは、あなたにとっても子供たちにとっても楽しいことではないだろう。

この一〇〇年で、充実した人生を送るには、同居しているパートナーとの関係性が大きな比重を占めるようになってきた。以前は多様な人間関係が存在し、その多くは生涯つづいた。それは近所に住む親類だったり、一緒に働く人だったり、信仰や社交の場における交流だったりしたが、そのほとんどは安全で充実した関係性を育むものだった。いまでは機動力に富む多くの現代人にとって、核家族が唯一安全に存続できる家族の形態となっている。たしかに、テクノロジーによって離れていてもさまざまな関係性を構築することができるようになった。しかし物理的な近さは、愛着と愛情にとって重要な要素である。

近くにいる唯一の人が、満足のいく関係を育めないパートナーだとしたら、当然あなたは惨めな気持ちになり、離婚して、別の人に空白を埋めてもらいたいと思うだろう。しかし虐待などがなければ、家庭の外で友人をつくって楽しく過ごし、お互いが一緒にいたいと思ったときにだけパートナーと過ごすという手もある。

あなたがどう決断するにしろ、絶望的な状況というのは、スピリチュアルな世界を信じ実践することによって、和らぐ場合がある。個人的に、ＨＳＰは元来スピリチュアルな資質を備えていると思っている。この精神性は離婚の慰めになるだけでなく、同じ傾向を持つ人たちのもとへとあなたを導いてくれるだろう。たとえひどく内向的な人でも、視野が広がり、心が愛で満たされ、自分のいまの状況を受け入れられるようになるはずだ。人生に決まった形はない。変化は必ずやってくる。

私の結婚生活は、まったく性質の異なるふたりの個人から成り立っていた。そんなふたりが補い合えば、多くの場合、さまざまなことが成し遂げられる。私たちは、はたから見れば大成功を収めており、結婚生活が一五年つづいたのもあるいはそのおかげだろう。しかし内面に目を向けると、ふたりのあいだにはもともと齟齬や誤解があり、私たちはすっかり疲れ果てていた。

離婚の手続きがはじまると、口論が減り、以前よりも相手の話を聞くようになった。子供たちも喧嘩をしなくなり、平穏で静かな暮らしが訪れた、と言いたいところだが、それは嘘だ。正直に言うと、私は覚醒し、やる気に満ちていた。ここで引き下がる必要はない。子供たちが父親と過ごすあいだ私は自分の時間を持てたし、もちろん子供たちは恋しいが、新しい生活がはじまった暁には、自分が最高の状態になれると確信していた。

平和な育児をするには、離婚をするべきだと言っているわけではない。私が言いたいのは、自分の手に余るほどの感情がどこに根づいているかを見極めてほしい、ということだ。そして自己認識、刷新された時間、減少した対立、子供への愛を正しく組み合わせれば、あなたには最高の育児ができるということを知ってほしいのだ。

## まとめ

最後は中身の濃い章だったかもしれない。必要に応じて、何度か読み返してもらえればと思う。

しかしひとつの章だけで、パートナーシップに関するすべての問題を解決することはできない。世間には、私の話よりもはるかに優れた助言が存在する。私がよく参考にさせてもらうのは、ジョン・ゴットマン著『結婚生活を成功させる七つの原則』(第三文明社、二〇一七)、ハーヴィル・ヘンドリクス著『一〇〇万人が癒された愛と結婚のカタチ』(アーティストハウス、二〇〇二)、そして『マザー・ナーチャー』の「親密な関係を育てる」ことに言及している最後の三章である。

ここまで一緒に歩んできた行程は、そろそろ終わりを迎えている。実際お会いしたことのある読者もいるが、大半の皆さんには、想像のなかでしかお会いしたことがない。といっても、私の想像力はちょっとしたものだ。私は、すでに本書を読んでいる多くのあなたを「知っている」し、育児の大変さも覚えている。昔ある駅で、一冊の女性誌を手に取ったことを思い出す。そこには、それまで見たこともないほど率直な育児の記事が載っていた。その見出しはたしか「育児がこんなに大変だって、どうして誰も教えてくれなかったの？」といったもので、私は内容に共感しながらむさぼるように読んだ。

　私は息子を愛しているし、格闘しながらも育児の大半を楽しんできた。それでも、あの記事の正直さは忘れられないし、どれくらいの人たちが同じような見出しの記事を読むだろうと考えてしまう。皆さんの話を聞くかぎり、おそらく多くの人が読むのだろう。読まずに済む人は、育児が性に合っているに違いない。いずれにしても、世界一大変で大切な仕事をしている皆さんに、どうか祝福がありますように。

# 謝辞

二〇一二年から執筆をはじめた本書が、こうして無事に完成したのはマーキ・タリーのおかげです。私の望みどおり、彼女はゆっくりと、辛抱強く、そして粘り強く私を支えてくれました。また、多くの編集作業を担いながら内容も細かくチェックしてくれました。

ＨＳの親になるのがどういうことか、さまざまな方からニュースレターにご意見をお寄せいただきました。皆さんの存在なしでは本書の完成はありませんでしたし、インターネット調査にご協力いただいた親御さん（ＨＳＰの方もそうでない方も）にも感謝いたします。

一九九〇年に開始した、この「敏感性」をめぐる旅のあいだ、愛をこめて支えてくれた夫には、心から感謝しています。育児研究に関しては、夫のいつもどおり見事なデータ分析に助けられましたし、彼のおかげで論文審査のある専門誌に私たちの育児研究が掲載され、感覚処理感受性（科学的な専門用語。別名、高環境感受性 high environmental sensitivity）にさらなる正統性を付与することができました。

今回もエージェントのベツィー・アムスターが、私の右腕として出版に関するさまざまな業務を担当してくれました。私の本当の右腕はただ、書類にサインをすればいいだけでした。

ケンジントン・パブリッシング社には本当にお世話になりました。最初の著書『The Highly Sensitive Person』を出版してくれたのもケンジントンでしたが、今回はじめて、この会社が北米で唯一残っている家族経営の出版社で、大手出版五社に次いで、六番目の規模だということを知りました。また、ケンジントン・グループは、血の繋がりの有無にかかわらず、本当の家族のようです。大半の社員が長年働いており、これは大手企業としては珍しいことです。理由はそこで働くのが楽しいからで、私に声をかけてくれた折も本当の家族のように迎えてくれ、ほかの出版とはまったく異なる雰囲気を感じました（ケンジントン・パブリッシング社に電話すると、生身の人間が応対します！）。ケンジントンの皆さん、とくに編集担当のミカエラ・ハミルトンとジャッキー・ディナスに感謝します。ジャッキーが私の最初の書籍を海外に売りこんでくれたおかげで、いまでは三〇カ国以上で出版されています。

最後になりましたが、（親でない方にも、本書を未読の方にも）すべてのＨＳＰの皆さんに感謝を捧げます。この行程はとても長く、常ならぬものでした。以前にも言いましたが、自分の敏感性についてつぶやきながら通りを歩いていたら、いつのまにか私の後ろでパレードがはじまっていました。ご存知のように、私たちＨＳＰは人口の約二〇パーセントを占め、人間のほかにも一〇〇種類以上の生き物がこの特性を備えています。これからもいい世界を目指して、それぞれ変化をつづけましょう。子育ては、その変化を見るのにもっともわかりやすい指標のひとつです。

2015.
242 ご自身でもお調べいただきたい：Johnson, Sue. *Hold me tight: Seven conversations for a lifetime of love*. Hachette UK, 2008.（邦訳：『私をギュッと抱きしめて：愛を取り戻す七つの会話』スー・ジョンソン著、白根伊登恵訳、岩壁茂監修、金剛出版、2014年）。

## 8 敏感な親とそのパートナー２ ── 問題に対処する

255 夫の研究によると、これらは夕食や映画デートよりもはるかに効果的であることが判明：Reissman, Charlotte, Arthur Aron, and Merlynn R. Bergen. "Shared activities and marital satisfaction: Causal direction and self-expansion versus boredom." *Journal of Social and Personal Relationships* 10, no. 2 (1993): 243–254. 191
255 ふたりの関係を自分の成長や自己拡大につなげることができる：Xu, Xiaomeng, Gary W. Lewandowski, and Arthur Aron. "The self-expansion model and optimal relationship development." *Positive approaches to optimal relationship development* (2016): 79– 100.
255 困難を支えるよりも人間関係にとって効果的：Gable, Shelly L., Courtney L. Gosnell, Natalya C. Maisel, and Amy Strachman. "Safely testing the alarm: Close others' responses to personal positive events." Journal of Personality and Social Psychology 103, no. 6 (2012): 963.
255 映画が終わったら、ふたりの関係と似たところについて話し合う：Rogge, Ronald D., Rebecca J. Cobb, Erika Lawrence, Matthew D. Johnson, and Thomas N. Bradbury. "Is skills training necessary for the primary prevention of marital distress and dissolution? A 3-year experimental study of three interventions." *Journal of Consulting and Clinical Psychology* 81, no. 6 (2013): 949.
264 テクノロジーが親密性を阻害する：Becker, William J., Liuba Belkin, and Sarah Tuskey. "Killing me softly: Electronic communications monitoring and employee and spouse well-being." In *Academy of Management Proceedings*, vol. 2018, no. 1, p. 12574. Briarcliff Manor, NY 10510: Academy of Management, 2018.
264 携帯の存在だけでも、会話の深さや親密性は減少する：Misra, Shalini, Lulu Cheng, Jamie Genevie, and Miao Yuan. "The iPhone effect: the quality of in-person social interactions in the presence of mobile devices." *Environment and Behavior* 48, no. 2 (2016): 275–298.
267 週に一回程度が、全体として良好な関係を維持できる：Muise, Amy, Ulrich Schimmack, and Emily A. Impett. "Sexual frequency predicts greater well-being, but more is not always better." *Social Psychological and Personality Science* 7, no. 4 (2016): 295–302.

156 父親側にもホルモンの変化はある。しかしうつの主な要因は役割の変化： Swain, James E., P. Kim, J. Spicer, S. S. Ho, Carolyn J. Dayton, A. Elmadih, and K. M. Abel. "Approaching the biology of human parental attachment: Brain imaging, oxytocin and coordinated assessments of mothers and fathers." *Brain research* 1580 (2014): 78–101.

156 父親も子供に対する共感力はある：Swain et al., 2014.

156 うつと不安は、一方が優勢のときもあれば、他方が優勢のときもあり、生物学的に、多くの点で表裏一体をなしている。父親もうつと不安、両方に苦しむことがある：Figueiredo, Bárbara, and Ana Conde. "Anxiety and depression symptoms in women and men from early pregnancy to 3-months postpartum: parity differences and effects." *Journal of affective disorders* 132, no. 1–2 (2011): 146–157.

163 マーシャル・ローゼンバーグによる、非暴力コミュニケーションに関する書籍も強くお勧めしたい：Rosenberg, Marshall. Nonviolent communication: *A language of life: Life-changing tools for healthy relationships*. Encinitas, CA: PuddleDancer Press, 2015.（邦訳：『NVC人と人との関係にいのちを吹き込む法』マーシャル・B・ローゼンバーグ著、小川敏子訳、安納献監訳、日本経済新聞出版、2018年）

166 幼児の癇癪は穏やかな怒りからはじまる：Potegal, Michael, Michael R. Kosorok, and Richard J. Davidson. "Temper tantrums in young children: 2. Tantrum duration and temporal organization." *Journal of Developmental & Behavioral Pediatrics* 24, no. 3 (2003): 148–154.

167 不機嫌な子供を抱きしめて話しかけてあげるほうが、ただ待つよりも効果的：Solter, Aletha Jauch. *Tears and tantrums: What to do when babies and children cry.* Goleta, CA: Shining Star Press, 1998.

## 7　敏感な親とそのパートナー ── 問題とそれに立ち向かう方法

210 子供ができるとたいていのカップルがふたりの関係に満足しなくなる：Luhmann, Maike, Wilhelm Hofmann, Michael Eid, and Richard E. Lucas. "Subjective well-being and adaptation to life events: a meta-analysis." *Journal of personality and social psychology* 102, no. 3 (2012): 592. この研究の概要によると、最初の子供を出産後、一般的に生活満足度は低下しないものの、ふたりの関係性の質は低下するという。

別の研究でも(Tucker, Paula, and Arthur Aron. "Passionate love and marital satisfaction at key transition points in the family life cycle." *Journal of Social and Clinical Psychology* 12, no. 2 [1993]: 135–147)、たしかに結婚生活の質は一般的に低下するものの、出産後はとくにその度合いが大きくなることがわかっている。

231 ゴットマンは、何百組ものカップルを観察：Gottman, John Mordechai, and Nan Silver. *The seven principles for making marriage work: A practical guide from the country's foremost relationship expert*. New York: Harmony, 2015.（邦訳：『愛する二人別れる二人：結婚生活を成功させる七つの原則』ジョン・M・ゴットマン、ナン・シルバー著、松浦秀明訳、第三文明社、2000年）。

233 マーシャル・ローゼンバーグの「非暴力コミュニケーション」の原則：Rosenburg,

self-regulation, and active initiative." In *Self-Regulation and Self-Control,* pp. 45–77. Oxfordshire, UK: Routledge, 2018.

109 何かを気にかけるほど、人はそれについて考えをめぐらす: Baumeister et al., 2007.

119 心の奥底にあるスピリチュアル・パス spiritual path の訴えは？: Borysenko, Joan Z., and Gordon Dveirin. *Your Soul's Compass*. Carlsbad, CA: Hay House, Inc, 2008.

124 単調な仕事、クラフト（手先の技術を要する仕事）、天職について書かれたくだり: Jaeger, Barrie. *Making work work for the highly sensitive person*. McGraw-Hill, 2004.

## 5　強い情動反応を楽しみ、制御する

138 「あらゆる変化は喪失で、喪失は悲しまなければならない」: Levinson, Harry. "A second career: The possible dream." *Harvard Business Review* 61, no. 3 (1983): 122–129.

142 負の感情に気づきやすく、感じやすい: Brindle, Kimberley, Richard Moulding, Kaitlyn Bakker, and Maja Nedeljkovic. "Is the relationship between sensory processing sensitivity and negative affect mediated by emotional regulation?." *Australian Journal of Psychology* 67, no. 4 (2015): 214–221.

143 リルケの詩に好きな一節がある。「どんな感情も過ぎ去っていく」: Rilke, R.M., "Go to the Limits of Your Longing," line 10. In Macy, J., and A. Barrows. "Rilke's Book of Hours: Love Poems to God." (1996).

149 心配すればするほど、不安は募る: Taylor, Steven. "Anxiety sensitivity and its implications for understanding and treating PTSD." *Advances in the treatment of posttraumatic stress disorder: Cognitive-behavioral perspectives* (2004): 57–66.

151 あなたが新米の母親で、うつやストレスに苦しんでいるなら、強迫観念のせいで子供を傷つける可能性があることを覚えておいてほしい: Fairbrother, Nichole, and Sheila R. Woody. "New mothers' thoughts of harm related to the newborn." *Archives of women's mental health* 11, no. 3 (2008): 221– 229.

153 他人に誘拐されたりする乳幼児の数: Wolak, Janis, David Finkelhor, and Andrea J. Sedlak. "Child victims of stereotypical kidnappings known to law enforcement in 2011." *Juvenile Justice Bulletin* (2016): 1–20.

154 「CHAANGE」プログラムを推奨: Foxman, Paul. *Dancing with fear: Overcoming anxiety in a world of stress and uncertainty*. Lanham, Maryland: Jason Aronson, Incorporated, 1999.

156 女性の一五パーセントが深刻なうつ状態に陥っており、最大八五パーセントの女性に何らかの症状が見られる: Pearlstein, Teri, Margaret Howard, Amy Salisbury, and Caron Zlotnick. "Postpartum depression." *American journal of obstetrics and gynecology* 200, no. 4 (2009): 357–364.

156 父親はどうだろう？　およそ一〇パーセントがうつ症状を申告: Paulson, James F., and Sharnail D. Bazemore. "Prenatal and postpartum depression in fathers and its association with maternal depression: a meta-analysis." *Jama* 303, no. 19 (2010): 1961–1969.

concentrations in men, nonpregnant women, and pregnant women before and during spontaneous labor." *The Journal of Clinical Endocrinology & Metabolism* 53, no. 4 (1981): 730–733.

## 2 過度の刺激に対処する ── HSの親への適切なケアと評価

46 敏感性の度合いに応じて混乱が親にどう影響するかを調べた: Wachs, Theodore D. "Relation of maternal personality to perceptions of environmental chaos in the home." *Journal of Environmental Psychology* 34 (2013): 1–9.

48 あなたの脳が栄養や休息を必要とする器官: Hanson, B. Rick, Jan Hanson, and Ricki Pollycove. *Mother Nurture: A Mother's Guide to Health in Body, Mind, and Intimate Relationships.* New York: Penguin Books, 2002.

48 三歳以下の子供がいる人には、母親の燃え尽き症候群について書かれた名著『マザー・ナーチャー（Mother Nurture)』（リック・ハンソン、ジャン・ハンソン、リッキー・ポリコーブ著）を紹介したい: Hanson et al., 2002.

65 ハグが身体にいいのは、ストレスホルモン、痛み、高血圧をやわらげ: Cohen, Sheldon, Denise Janicki-Deverts, Ronald B. Turner, and William J. Doyle. "Does hugging provide stress-buffering social support? A study of susceptibility to upper respiratory infection and illness." *Psychological science* 26, no. 2 (2015): 135–147.

## 3 助けを得る ── そう、あなたには助けが必要だ

87 離れている時間があるほうが、その分子供たちと楽しい時間を過ごせるように思う : Bass, Brenda L., Adam B. Butler, Joseph G. Grzywacz, and Kirsten D. Linney. "Do job demands undermine parenting? A daily analysis of spillover and crossover effects." *Family Relations* 58, no. 2 (2009): 201–215.

93 多くの専門家: Carter, Bernie. "Parenting: A glut of information." (2007): 82–84.

94 九つの気質: Kurcinka, Mary Sheedy. *Raising Your Spirited Child.* HarperCollins, 1999.（邦訳：『言うことを聞かないのはどうしてなの？　スピリッツ・チャイルドの育て方』メアリー・シーディ著、菅靖彦訳、サンマーク出版、2002年）

102 敏感な子供はほかの子供よりも保育所の環境に影響を受けやすい: Pluess, Michael, and Jay Belsky. "Differential susceptibility to rearing experience: The case of childcare." *Journal of child psychology and psychiatry* 50, no. 4 (2009): 396–404.

## 4 処理の深さ ── さまざまな決断

108 失敗した作業に対するふたつの異なる反応: Patterson, C. Mark, and Joseph P. Newman. "Reflectivity and learning from aversive events: Toward a psychological mechanism for the syndromes of disinhibition." *Psychological review* 100, no. 4 (1993): 716.

108 決断に関する研究: Vohs, Kathleen D., Roy F. Baumeister, Brandon J. Schmeichel, Jean M. Twenge, Noelle M. Nelson, and Dianne M. Tice. "Making choices impairs subsequent self-control: A limited-resource account of decision making,

28　とくにポジティブな写真を見たときのほうが速かった: Acevedo, Bianca P., Elaine N. Aron, Arthur Aron, Matthew Donald Sangster, Nancy Collins, and Lucy L. Brown. "The highly sensitive brain: an fMRI study of sensory processing sensitivity and response to others' emotions." *Brain and behavior* 4, no. 4 (2014): 580–594.

28　健全な幼少期を過ごしたHSPにより当てはまった: Acevedo, Bianca P., Jadzia Jagiellowicz, Elaine Aron, Robert Marhenke, and Arthur Aron. "Sensory processing sensitivity and childhood quality's effects on neural responses to emotional stimuli." *Clinical Neuropsychiatry* 6 (2017).

28　他人と愛する人のうれしい、悲しい、普通の表情を浮かべた写真: 脳のミラーニューロンが発見されたのはほんの20年ほど前のことである：発見したのはイタリアのパルマにある研究室で、そこでは科学者たちがマカクザルの脳に電極をつなぎ、どのニューロンが手の動きを制御しているかを調べていた。彼らは、何かをつかんで持ち上げるサルの動作が、どの領域に起因しているかを発見した。一方で、研究者らが何かを拾う動作をじっと見ていたサルの脳内が、奇妙に発火することにも気がついた。やがて研究者らは、「ミラーニューロン」（と彼らが名づけた）なるものが存在し、それが、サルが人間の真似をする要因であることを突き止めた。さらに時間をかけて調査を進めた結果、人間もミラーニューロンを持っており、他人が何かをしたり感じたりするのを目にすると、脳のいくつかの領域にあるニューロンが、その相手と同じように脳内で発火することがわかった。詳しくはRizzolatti, Giacomo, and Corrado Sinigaglia. *Mirrors in the brain: How our minds share actions and emotions.* Oxford University Press, USA, 2008.

29　最新の科学モデル: Baumeister, Roy F., Kathleen D. Vohs, C. Nathan DeWall, and Liqing Zhang. "How emotion shapes behavior: Feedback, anticipation, and reflection, rather than direct causation." *Personality and social psychology review* 11, no. 2 (2007): 167–203. バウマイスターは、物事を新しい視点で見ることで知られており、このケースでは、感情が意思決定や行動をする際に合理的な思考を妨害するという考えに異を唱え、大半の感情は出来事のあとにやってきて、それはその出来事を記憶したり、そこから学んだりするのに役立つし、最終的により合理的な結果を得られると主張した。

29　感情は物事を考えるきっかけになる: Baumeister et al., 2007.

33　一列に並んだ干し草の束がひとつ多い、あるいは柵の支柱が一本多いなど、わかりにくい写真もあった: Jagiellowicz et al., 2010.

33　横線と縦線が引かれたパターンのなかにある、さまざまな向きをしたLのなかからTを選ぶ: Gerstenberg, Friederike XR. "Sensory-processing sensitivity predicts performance on a visual search task followed by an increase in perceived stress." *Personality and Individual Differences* 53, no. 4 (2012): 496–500.

38　この気質の進化を知るために: Wolf et al., 2008.

38　オランダの生物学者が、さまざまなシナリオを比較してコンピュータモデルを設定: Wolf et al., 2008.

41　この神経伝達物質がはじめて発見されたのは母体: Leake, Rosemary D., Richard E. Weitzman, Theodore H. Glatz, and Delbert A. Fisher. "Plasma oxytocin

Arthur Aron, Elaine Aron, Guikang Cao, Tingyong Feng, and Xuchu Weng. "The trait of sensory processing sensitivity and neural responses to changes in visual scenes." Social cognitive and affective neuroscience 6, no. 1 (2010): 38–47]. タスクは風景写真の微妙な違いに気づくこと。HSPは非HSPよりも深く処理していた。

25　以前の調査: Hedden, Trey, Sarah Ketay, Arthur Aron, Hazel Rose Markus, and John D. E. Gabrieli. "Cultural influences on neural substrates of attentional control." Psychological science 19, no. 1 (2008): 12–17. 知覚タスクは被験者の出身の文化によってその難易度が異なることがわかった。難易度は、MRIを通じて脳のさまざまな領域でおこなわれている活動や努力の度合いを見ることで測定できる。たとえば集団文化を持つ中国人は全体を——線の入った異なるふたつの箱の比率を——見分けるのが得意だった（文化が微妙な知覚能力に影響を与えるというのは驚きの結果ではないだろうか）。一方、線の長さは彼らの注目ポイントではないため、長さの比較は不得手だった。

個人主義の文化を持つアメリカ人は、それぞれの特徴を——ふたつの箱の線の長さを——見分けるのが得意だったが、大きさを見分けるのは苦手だった。知覚タスクであっても、集団の文脈が重要視される集団文化に属していれば最初のタスクが得意になり、個人の文化に属していればもう一方のタスクが得意になる。

26　被験者に、恋人、もしくは他人の顔写真を見せる: Acevedo, Bianca P., Elaine N. Aron, Arthur Aron, Matthew Donald Sangster, Nancy Collins, and Lucy L. Brown. "The highly sensitive brain: an fMRI study of sensory processing sensitivity and response to others' emotions." *Brain and behavior* 4, no. 4 (2014): 580–594.

26　ここにも深い知覚処理に関する調査結果が見られた: Acevedo et al., 2014.

27　一九九七年に夫と共同でおこなった最初の研究: Aron, Elaine N., and Arthur Aron. "Sensory-processing sensitivity and its relation to introversion and emotionality." *Journal of personality and social psychology* 73, no. 2 (1997): 345.

27　二〇〇五年の実験: Aron, Elaine N., Arthur Aron, and Kristin M. Davies. "Adult shyness: The interaction of temperamental sensitivity and an adverse childhood environment." *Personality and Social Psychology Bulletin* 31, no. 2 (2005): 181–197. その後すぐに生徒は、人によって絶対に解けない問題を出されたり、逆に簡単すぎる問題が出されたりしたこと知らされたが、HSPと非HSPがそれぞれ結果に対してどういう印象を持ったか調べるために、研究者らはテストが終わった直後、事実を明かす直前に、生徒の気分チェックをおこなっていた。

27　二〇一六年、ヤジャ・ヤギエロウィッツ（前述したHSPの脳の研究をはじめて手がけた研究者）が、強い反応を引き起こすであろう写真（ネガティブな反応には、蛇、クモ、ごみ、ポジティブな反応には、子犬やケーキ）を被験者に見せるという実験をおこなった。HSPは、ネガティブな写真にもポジティブな写真にも感情的に強い反応を示した: Jagiellowicz, Jadzia, Arthur Aron, and Elaine N. Aron. "Relationship between the temperament trait of sensory processing sensitivity and emotional reactivity." *Social Behavior and Personality:* an international journal 44, no. 2 (2016): 185–199.

# 原注

## まえがき


7　子供に同調する能力も高い: Aron, Elaine N., Arthur Aron, Natalie Nardone, and Shelly Zhou. "Sensory Processing Sensitivity and the Subjective Experience of Parenting: An Exploratory Study." *Family Relations* (2019).

10　子育てに成功した親: Ainsworth, Mary S. "Infant–mother attachment." *American psychologist* 34, no. 10 (1979): 932.

10　親がある程度敏感だと子供が恩恵を受けることが実証されており、いまもそれを示す研究はつづいている: Voort, Anja van der. "The importance of sensitive parenting: a longitudinal adoption study on maternal sensitivity, problem behavior, and cortisol secretion." PhD diss., Child and Family Studies, Institute of Education and Child Studies, Faculty of Social and Behavioural Sciences, Leiden University, 2014.

10　同調性と反応性であることがわかってくる: Ainsworth, 1979.


## 1　ひといちばい敏感な親になるとはどういうことか


15　一〇〇を超える種に同程度の割合でHSが見られる: Wolf, Max, G. Sander Van Doorn, and Franz J. Weissing. "Evolutionary emergence of responsive and unresponsive personalities." *Proceedings of the National Academy of Sciences* 105, no. 41 (2008): 15825–15830.

15　ほかの人よりはるかに情報を深く処理し: Aron, Elaine N., Arthur Aron, and Jadzia Jagiellowicz. "Sensory processing sensitivity: A review in the light of the evolution of biological responsivity." *Personality and Social Psychology Review* 16, no. 3 (2012): 262–282.

16　一二〇〇名以上の英語話者（HSPと非HSPの両方を含む）を対象に私たちがおこなったオンライン調査: Aron et al., 2019.

19　HSの親は平均して、この気質を持たない人よりも親としてのパフォーマンスが低い: Branjerdporn, Grace, Pamela Meredith, Jenny Strong, and Mandy Green. "Sensory sensitivity and its relationship with adult attachment and parenting styles." PloS one 14, no. 1 (2019): e0209555.

24　HSPのほうが物事をより深く処理するという見方が優勢: Aron, Arthur, Sarah Ketay, Trey Hedden, Elaine N. Aron, Hazel Rose Markus, and John D.E. Gabrieli. "Temperament trait of sensory processing sensitivity moderates cultural differences in neural response." *Social cognitive and affective neuroscience* 5, no. 2–3 (2010): 219–226.

24　「より深い」情報処理に関連する脳の領域: Jagiellowicz, Jadzia, Xiaomeng Xu,

## ■著者紹介

**エレイン・N・アーロン**（Elaine N. Aron, Ph.D.）

臨床心理士および心理学研究者。世界的ベストセラー『敏感すぎる私の活かし方――高感度から才能を引き出す発想術』（パンローリング、2020）をはじめ、関連書籍『ひといちばい敏感なあなたが人を愛するとき――HSP 気質と恋愛』（青春出版社、2020）、『ひといちばい敏感な子』（1万年堂出版、2015）、『ザ・ハイリー・センシティブ・パーソン・ワークブック The Highly Sensitive Person Workbook』『サイコセラピー・アンド・ザ・ハイリー・センシティブ・パーソン Psychotherapy and the Highly Sensitive Person』の著者。

敏感性を生来の気質と最初に認識し、1990年に開始されたHSP研究の第一人者となる。「HSP研究基金」を設立し、ウェブサイトを通じて情報発信もおこなう（www.HSPerson.com）。主要な科学雑誌でも敏感性に関する科学論文を多数発表。

トロントのヨーク大学で臨床心理学の修士号を、パシフィカ大学院大学で臨床深層心理学の博士号を取得し、サンフランシスコのユング研究所でインターンとして勤務した経験を持つ。また、夫のアーサー・アーロン博士とともに愛と親密な関係に関する心理学の科学的研究に着手、敏感性と愛情の研究にいちはやくfMRI: functional magnetic resonance imaging を取り入れた。

## ■訳者紹介

**片桐恵理子**（かたぎり・えりこ）

翻訳家。愛知県立大学日本文化学科卒。カナダで6年、オーストラリアで1年の海外生活を経て翻訳の道へ。訳書に〈GONE ゴーン〉シリーズ（ハーパーコリンズ）、『チーム内の低劣人間をデリートせよ』『小児期トラウマと闘うツール』『敏感すぎる私の活かし方』（いずれもパンローリング）、など。

**翻訳協力／株式会社リベル**

2020年12月３日 初版第１刷発行

フェニックスシリーズ115

ひといちばい敏感《びんかん》な親《おや》たち
——子育てとHSP気質

著　者　エレイン・N・アーロン
訳　者　片桐恵理子
発行者　後藤康徳
発行所　パンローリング株式会社
〒160-0023　東京都新宿区西新宿7-9-18　6階
TEL 03-5386-7391　FAX 03-5386-7393
http://www.panrolling.com/
E-mail　info@panrolling.com
装　丁　パンローリング装丁室
印刷・製本　株式会社シナノ

ISBN978-4-7759-4240-6